演讲与口才知识

达夫 —— 著

中国华侨出版社
北京

前言

preface

　　18 世纪美国最伟大的科学家、发明家，著名的政治家和文学家富兰克林说过："说话和事业的进展有很大关系，是一个人力量的主要体现。你如出言不逊，跟别人争辩，那么，你将不可能获得别人的同情、别人的合作、别人的助力。"说话是一门学问，同生活中其他学问一样，学得好的人能够轻松自如地面对生活；唯一与其他学问不同的是，学不好，不能放弃，不能转道其他，因为人不可能不说话。

　　随着人们越来越认识并热衷于说话的修炼和培养，口才学作为一门新兴学科一跃成为当今世界十分走俏的学问，而它的前身，或者说另外一种形式或分支——演讲学，则是一门更古老的学问。在中世纪前的中国、古埃及、古希腊、古罗马、古巴比伦、古印度等具有悠久历史的文明古国，演讲已成为普遍的社会现象。人类自有演讲以来，演讲活动一直绵延不绝，方兴未艾。其重要原因，就是演讲有着强烈而广泛的社会作用，有着不可估量的社会价值和极其深远的历史意义。通过演讲，可以形成正确的舆论，促进社会文明的发展。通过演讲，能培养民众高尚美好的情感，促进人类文明建设。通过演讲，能唤起民众的行动和实践。同时，演讲对个人的作用同样是巨大的，它能促进个人综合能力的发展。演讲者必须促使自己不断提高和完善，只有具备精深的思想，渊博的知识，丰富的经验，敏锐的洞察力，敏捷的思维力，准确的判断力，迅速的应变力和较强的记忆力，才有可能在台上滔滔不绝，仪态优雅，扣人心弦，处变不惊，赢得鲜花、掌声和荣誉。

进入 21 世纪，人们对口才的重视程度达到了前所未有的高度。有没有良好的口才和演讲能力，已作为衡量一个人素质的基本标准之一，几乎在每一个人的命运里都扮演着十分重要的角色。就拿面试来说，现在国内外大小公司，已把面试作为人才招聘的必要途径，其中大多行业尤其看重口试。在这种情况下，"口才"这门课程在许多高校已经属于必修课。

本书《演讲与口才知识》共分为演讲和口才两部分，从技术角度切入，教会大家如何演讲、如何说话。在充分展示口才巨大威力的基础上，将理论与实践相结合，以通俗易懂的语言深入浅出地论述了演讲与口才的艺术。

本书集知识性、趣味性、理论性和实用性于一体，是一本不可多得的演讲与口才方面的专业书籍，既可以给这方面的爱好者提供借鉴，也可以供专业人员参考，尤其是开设语言课程的院校的学生，更值得一读。阅读本书，让你轻松面对尴尬、获取提升机会、扩大交际范围，在不同的场合、面对不同的人群，说好想说的话，说好难说的话，提高说话技巧。

目录
CONTENTS

上篇
你一定用得上的演讲知识

第三章 拓展你的讲述方式，让你的演讲更有表达力

第四章 控制演讲的氛围，让现场更有感染力

第五章 沟通的艺术，让听众跟着你的思维走

● 演讲与口才知识

第六章 预设控场技巧，及时救场不让局面失控

上篇
shangpian

你 一定用得上的
演讲知识

ni yidingyongdeshangde
yanjiangzhishi

作为一名演讲者，不但要有良好的语言表达能力，同样需要注意自己的仪表和风度。

成功演讲的要素，专业的演说者形象

注意自己的仪表和风度

作为一名演讲者，不但要有良好的语言表达能力，同样需要注意自己的仪表和风度。作为一名演讲者，给人的第一印象是非常重要的，而听众正是通过观察一名演讲者的仪表来决定对他的第一印象的。注重仪表和风度是演讲迈向成功的第一步，同时也是对听众最基本的礼貌。

一、面带微笑可拉近同听众的距离

笑是大部分人能够做出的一个动作，我们在生活中总是不停地重复着各种笑容，所以说笑是人脸上一种最棒的表情，它能够反映出一个人的内心世界。

当考生面对考官时，考官的微笑可以缓解他的紧张情绪。当顾客遇到问题时，服务员的一个微笑可以安抚他的情绪。一个推销员，微笑可以为他赢得客户的信任。一名教师，微笑可以拉近他与学生们的距离。

在运用微笑传情达意时，要真诚自然，适度得体。微笑是一个人自信的标志，是待人接物时最基本的礼貌之一，同时一个人的涵养和情感都可以通过微笑表现出来。微笑可以沟通情感，消融"坚冰"，是善意的标志、友好的使者、成功的桥梁。服务业的老板大都喜欢面带微笑的员工。

在大部分人中，能够展现出发自内心的微笑的都是心地非常善良的人，也是可以信赖的人，这样的人所说的话是可以相信的。

作为一名演讲者，在演讲中面带微笑，不但可以给听众一种温和开朗的印象，而且可以建立一种融洽的气氛。

在所演讲的内容和听众的认知有所偏差，或者有刻意刁难的问题出现时，微笑可以消除听众的抵触情绪，激发听众的感情，缓解场面上的矛盾，避免冲突的发生。

值得我们注意的是，演讲中的微笑是要讲究时机的，如果时机不对，同样也无法取得良好的演讲效果。

第一，在上台和下台时，要面带微笑。上台时的微笑可以给听众一个良好的第一印象，拉近演讲者与听众的距离。下台时的微笑可以给演讲做一个良好的结尾，使听众感到温馨和意犹未尽。

第二，在赞美歌颂一些人、一些事时一定要面带微笑，因为只有微笑才能代表演讲者的赞美是发自内心的，才能增强演讲的感染力。如果演讲者面无表情地发表赞美，那么就会给听众留下虚伪的印象，演讲的效果和影响力就大打折扣了。

第三，在面对听众提问时一定要面带微笑，这样做的目的有两个：一是对听众的尊敬，二是鼓励听众说出自己内心的想法。

第四，即使遇到反对的声音，也要微笑面对。有这样一个例子，一个女交警在执勤时遭遇了一名喝醉酒的男子的纠缠，尽管如此，女交警依然微笑着回答了男子的问题。这名女交警的态度为她赢得了赞誉。在演讲中同样如此，听到了不同或批判的声音，就更应该微笑着聆听。因为每个人的观点和看法都是不尽相同的，通过听众的反对意见，我们同样可以学到很多东西，演讲现场气氛也能够活跃起来。

第五，如果遇到了大声喧哗，或者捣乱的听众，演讲者也不能大声训斥，一方面这是在公共场合的基本礼仪，另一方面怒目相对，也会影响其他正常听演讲的人，使他们觉得扫兴。所以在这种时候，作为一名演讲者，可以略略停顿一小会儿，这时一些听众会自发地维持会场的纪律，待会场稍微安静一些时，可以面带微笑地对扰乱了演讲的人进行含蓄的批评。

微笑是我们在日常交谈中、辩论中、演讲中都会用到的一种表情，那么要如何微笑，微笑训练都有哪些技术上的要求呢？

我们可以借鉴摄影师在拍摄照片时常会问的问题，例如，问："肥肉肥不肥？"答："肥！"问："糖甜不甜？"答："甜。"或者说"田七""茄子"等，都可以使我们自然地做出微笑的动作。

平时，我们可以在空闲的时候，面对镜子做微笑的练习。

看看口腔开到什么程度为宜；嘴唇呈什么形态，圆的还是扁的；嘴角是平拉还是上提。要注意，口腔打开到不露或刚露齿缝的程度，嘴唇呈扁形，嘴角微微上翘。如果能每天面对镜子练习 30 分钟，就能成为一个具有得体微笑的演讲者了。

最后要注意的一个问题就是，不是所有的演讲都要有笑容，微笑也要分场合，如召开重要会议、处理突发事件、参加追悼大会时，就不能面带微笑。同时，其他的演讲，演讲中不能从头到尾一味微笑，否则会让人感觉你像一个弥勒佛，觉得你戴着一个面具上台演讲，没有感情。尤其在表达不该笑的感情时更不能笑。

二、得体的穿着可以给听众留下一个良好的印象

肢体的动作同语言一样是演讲的重要组成部分，是一种重要的无声语言。而肢体语言又包括了个人的形象和动作两个方面。

肢体语言是补充语言传播的不足、作用于人的视觉的一种手段。

演讲者给听众的第一印象，是十分重要的，甚至可以决定听众对演讲者的态度和是否愿意认真听取演讲者的演讲。

一般人在面对一个陌生人时，只能凭着这个人的服装和仪表来判断。所以要有一个好的形象，就必须从最基本的做起，注意自己的着装。

中国有句古话说得好："人靠衣服马靠鞍。"其意思就是指人穿上得体的衣服整个人的气质风度都会变得不一样。服装和仪表，并不仅仅是一个外在形象，也是一个人内在涵养的表现和反映，良好的形象是外表得体和内涵丰富的统一。

对服装和仪表最起码的要求，就是要干净、端庄、整齐，给人以清爽、精神的感觉，使人看了比较舒服。

当你意识到着装打扮的重要性时，还完全不够，如果你不会挑选、搭配，恐怕你的形象意识也是起不了作用的。

恰当的着装能够弥补自身条件的某些不足，树立起自己的独特气质，使你脱颖而出。从礼仪的角度看，着装不能简单地等同于穿衣。它是着装人基于自身的阅历修养、审美情趣、身材特点，根据不

同的时间、场合、目的，力所能及地对所穿的服装进行精心的选择、搭配和组合。在各种正式场合，注重个人着装的人能体现仪表美，增加交际魅力，给人留下良好的印象，使人愿意与其深入交往，同时，注意着装也是每个事业成功者的基本素养。

首先，文明大方：忌过露、过透、过短、过紧。

整洁的衣着反映出一个人振奋、积极向上的精神状态；而褴褛、肮脏的服装，则是一个人颓废、消极、精神空虚的表现。因此，衣服要勤换、勤洗、熨平整，裤子要熨出裤线；衣扣、裤扣要扣好，裤带要系好；穿中山装应扣好风纪扣；穿长袖衬衣衣襟要塞在裤内，袖口不要卷起，短袖衫、港衫衣襟不要塞在裤内。

装饰必须端庄、大方，要让对方感到可亲、可近、可信，乐于与你交往。在演讲前，应适当打扮一下，把脸洗干净，头发梳理整齐。男士应刮胡子，女士还可化一点淡妆。一般来说，女服色彩丰富，轮廓较优美，面料较讲究，显示出秀丽、文雅、贤淑、温和等气质。男服则要求线条简洁有力，色彩沉着，衣料挺括。

其次，搭配得体：完美和谐、色彩搭配、鞋袜搭配。

服饰礼仪中所说的服饰，不完全是指我们日常生活中的衣服和装饰物，而主要是指在着装后构成的一种状态。它包括了它所表达的人的社会地位、民族习惯、风土人情以及人的修养、趣味等因素。所以不能孤立地以衣物的好与坏来评价人在着装之后的美与丑。必须从整体综合的角度来考虑和体现各因素和谐一致，做到适体、入时、从俗。

适体，就是追求服饰与人体比例的协调和谐。服饰是美化人体的艺术，服饰只有与人体相结合，使服饰的色彩、式样、比例等均适合人体本身的"高、矮、胖、瘦"，从而把服饰与人体融为有机统一的整体。因此，过肥或过紧的衣衫，过小或过大的裤腿、过高的"高跟鞋"以及不得当的颜色搭配等，都会扭曲人的形体、影响人的形象。

入时，就是追求服饰和自然界的协调和谐。人与自然相适应，有春夏秋冬、风雨阴晴的不同服饰；根据四季的变化穿着衣物，不但很合时宜，而且还可保证人体健康。一般来说，冬天衣服的质地应厚实一点，保暖性强一点，如毛呢料等，而春秋衣服的质地则应单薄些。可以设想，一个人在寒冷的天气穿着单薄，浑身颤颤抖抖；在炎热的天气里穿着厚实，满头大汗地出现在交际场合时那种难堪模样。

从俗，就是追求服饰与社会生活环境、民情习俗的协调和谐。应努力使服饰体现出新时代的新风貌和特征，各民族的不同习俗和特色，各种场合的不同气氛和特点。

最后，个性鲜明：与年龄、体型、职业、场合相吻合，保持自己的风格。

选择什么样的服饰，能够在很大程度上体现出穿着者的个性。在服饰整体统一要求中，追求个性美，可以说是现代生活的一大趋势。

个性特征原则要求着装适应自身形体、年龄、职业的特点，扬长避短，并在此基础上创造和保持自己独有的风格，即在不违反礼仪规范的前提下，在某些方面可体现与众不同的个性，切勿盲目追逐时髦。

形体对服装选择的影响

形体条件对服装款式的选择也有很大影响。

身材较胖、颈粗圆脸型者，宜穿深色套装。浅色高领服装则不适合。

而身材瘦长、颈细长、长脸型者宜穿浅色、高领或圆型领服装。方脸型者则宜穿小圆领或双翻领服装。

身材匀称，形体条件好，肤色也好的人，着装范围则较广，可谓"浓妆淡抹总相宜"。

三、如何选择你的着装

1. 男性

春、秋、冬季，男士最好穿正式的西装，西装的色调要以给人稳重感觉的深素色为主，如藏青色、蓝色、黑色和深灰色等。夏天要穿长袖衬衫，衬衫最好选择白色，系领带，领带应选用丝质的，领带上的图案可以根据自己的爱好选择，最好是单色的，其能够与各种西装及衬衫相配。单色为底，印有规则重复的小型图案的领带，格调高雅，也可用。斜条纹的领带能表现出你的精明。领带在胸前的长度以达到皮带扣为宜。如果一定要用领带夹，应夹在衬衫第三和第四个扣子中间的位置。不要穿短袖衬衫或休闲衬衫。

要穿深色的袜子、黑色的皮鞋。皮带要和西装相配，一般选用黑色。皮鞋、皮带、皮包颜色一致，一般为黑色。眼镜要和自己的脸型相配。镜片擦拭干净。如果选用钢笔一定不要放在西装上衣的口袋里，西装上衣的口袋是起装饰作用的。

2. 女性

要穿简洁、大方、合体的套装，裙子不宜太长，这样显得不利落，但是也不宜穿太短、低胸、紧身的服装，过分时髦和暴露的服装都不适合演讲，春秋的套装可用较厚实的面料，夏季用真丝等轻薄的面料。衣服的质地不要太薄、太透，薄和透会给人不踏实、不庄重的感觉。色彩要表现出青春、典雅的格调，用颜色表现你的品位和气质，但不宜穿抢眼的颜色。

丝袜一定要穿，以透明近似肤色的颜色最好。要随时检查是否有脱线和破损情况。穿式样简单、没有过多装饰的皮鞋，跟不宜太高，颜色和套装的颜色一致，如果你不知道如何配色，最简单的办法就是穿黑色的皮鞋。

3. 服装的色彩搭配

不同的色彩有着不同的象征意义：暖色调——红色象征热烈、活泼、兴奋、富有激情；黄色象征明快、鼓舞、希望、富有朝气；橙色象征开朗、欣喜、活跃。冷色调——黑色象征沉稳、庄重、冷漠、富有神秘感；蓝色象征深远、沉静、安详、清爽、自信而幽远。中间色——黄绿色象征安详、活泼、幼嫩；红紫色象征明艳、夺目；紫色象征华丽、高贵。过渡色——粉色象征活泼、年轻、明丽而娇美；白色象征朴素、高雅、明亮、纯洁；淡绿色象征生命、鲜嫩、愉快和青春等。

4. 色彩搭配原则和方法

服装的色彩是着装成功的重要因素。服装配色以"整体协调"为基本准则。

全身着装颜色搭配最好不超过三种，而且以一种颜色为主色调，颜色太多则显得乱而无序，不协调。灰、黑、白三种颜色在服装配色中占有重要位置，几乎可以和任何颜色相配并且都很合适。

着装配色和谐的几种比较保险的方法：一是上下装同色——套装，以饰物点缀。二是同色系配色。利用同色系中深浅、明暗度不同的颜色搭配，整体效果比较协调。

年轻人着上深下浅的服装，显得活泼、飘逸、富有青春气息。中老年人采用上浅下深的搭配，给人以稳重、沉着的静感。

服装的色彩搭配考虑与季节的沟通，与大自然对话也会收到不同凡响的理想效果。

同一件外套，利用衬衣的样式与颜色的变化与之相衬托，会表现出不同的独特风格，能以简单的打扮发挥理想的效果，本身就说明着装人内涵与修养。衬衣与外套搭配应注意衬衣颜色不能与外套相同，明暗度、深浅程度应有明显的对比。

着装配色要遵守的一条重要原则就是根据个人的肤色、年龄、体形选择颜色。

肤色黑的人，不宜着颜色过深或过浅的服装，而应选择与肤色对比不明显的粉红色、蓝绿色，最忌用色泽明亮的黄橙色或色调极暗的褐色、黑紫色等。

皮肤发黄的人，不宜选用半黄色、土黄色、灰色的服装，否则会显得精神不振和无精打采。脸色苍白不宜着绿色服装，否则会使脸色更显病态。而肤色红润、粉白，穿绿色服装效果会很好。白色衣服任何肤色效果都不错，因为白色的反光会使人显得神采奕奕。体形瘦小的人适合穿色彩明亮度高的浅色服装，这样显得丰满。而体形肥胖的人用明亮度低的深颜色则显得苗条等。大多数人体形、肤色属中间混合型，所以颜色搭配没有绝对性的原则，重要的是在着装实践中找到最适合自己的搭配颜色。

四、如何搭配你的发型

大多数人关注一个人，目光首先的落点都是对方的头发。所以，注意保持头发的清洁，并修饰整齐。

发型不仅要符合美观、大方、整洁和方便生活、工作的总体原则，而且要与自己发质、脸型、体形、年龄、气质、四季服装以及环境等因素很好地结合起来，才能给人以整体美的形象。

就季节来说，春秋两季的发式可以自由活泼一些，而冬夏季的头发则由于受到气候因素的影响，需要格外注意。

夏天天气炎热，可留凉爽、舒畅的短发，如果是长发，则可以梳辫子或将头发盘起。由于多数人夏天面部油脂分泌都很旺盛，而额前的头发过多往往容易使热量不便于散发，反过来更加使得面部油光光的。因此，夏季的发型一定要注意前额、两颊的头发不能留得过多，应尽量把头发向后向内梳理。同时，搭配一个浅色的上衣领，能够把脸部衬托得光亮鲜活一些。

冬天人们的衣着较厚，衣领高，留长发既美观又保暖。在冬季刮风多的地方，参加演讲前最好用帽子、头巾或者干脆用发带把头发束缚起来，等到达演讲地点时，利用上卫生间的机会将头发理顺。

女性如果再在头发的适当部位装饰花色款式、质地适合的发卡、发带或头花等饰物，那么就对整体美起到"画龙点睛"的作用，从而增添无限魅力和风韵。但要注意饰物不可过多，色彩也不能过于光亮耀眼，形成堆砌，则给人一种俗气的感觉，反而失去自然美。

男性的发型也要体现出一个人的性格、修养和气质。短发型可以体现男性朝气蓬勃的精神面貌，具体来看，寸发适合于头型较好、面部饱满的男性；前额较宽的人应该选择"三七分"的发型，以便更多的头发能够遮盖前额；选择"四六分"或"中分"发型的男性面部一般都不宜过长，而且发质偏油性。

注意演讲的姿态

演讲的姿态，是演讲者的重要辅助工具，帮助演讲者加强演讲的效果，对听众有重要的引导作用。

一、手势的配合

手势是人们演讲态势的主要形式。借助手势说话的关键在于"助"，它既不同于烘托语，可代替讲话，又不同于演节目，可以用手势演出情节。

手势有两大作用：一能表示形象，二能表达感情。许多演讲家的手势语独显其妙。伟大的革命导师列宁常习惯于用左手大拇指横插于坎肩，右手有力地挥动的手势：以右手坚定地探向前方，身体微倾向听众，构成了一种独特的姿态。

可见，恰当的手势不仅有助于表达情感，而且有很大的包容性，往往是"无声胜有声"。

论辩，尤其是在赛场论辩与法庭论辩时，手势运用能构成论辩者丰富多彩的主体形象，使表达富有感染力量。自然而安稳的手势，可以帮助表达者平静地说明问题；急剧而有力的手势，可以帮助表达者升华感情；稳妥而含蓄的手势，可以帮助表达者表明心迹。

林肯的老朋友赫恩登回忆林肯在做律师进行法庭论辩时说："他对听众恳切地发表讲话时，那瘦长的右手指自然地充满着动人的力量，一切思想情绪完全贯注在那里。为了表现欢乐的情绪，他把两手臂举成50度的角，手掌向上，好像已抓住了他渴望的喜悦。他讲到痛心处，如痛斥奴隶制时，他更紧握双拳，在空中用力挥动。"

手势语"词汇"丰富，千变万化，没有一个固定的模式。作为一个出色的演讲者，平时要认真观察生活，刻苦训练，积极付诸实践。下面介绍一些常用的手势：

1. 拇指式。竖起大拇指，其余四指自然弯曲，表示强大、肯定、赞美、第一等意。

2. 小指式。竖起小指，其余四指弯曲合拢，表示精细、微小或蔑视对方。

3. 食指式。食指伸出，其余四指弯曲并拢。用来指称人物、事物、方向，或者表示观点甚至表示肯定。胳膊向上伸直，食指指向空中则表示强调，也可以表示数字"一""十""百""千""万"……食指弯曲或钩形表示九、九十、九百……齐肩画线表示直线，在空中画弧线表示弧形。

4. 食指、中指并用式。食指、中指伸直分开，其余三指弯曲，这一手势一般表示二、二十、二百……在一些欧美国家与非洲国家表示胜利。

5. 拇指、食指并用式。拇指、食指分开伸出，其余三指弯曲表示八、八十、八百……如果并拢表示肯定、赞赏之意；如果二者弯曲靠拢但未接触，则表示"微小""精细"之意。

6. 拇指、食指、中指并用式。三指相捏向前表示"这""这些"，用力一点表示强调。

7. 仰手式。掌心向上，拇指自然张开，其余弯曲，这一手势包容量很大。区域不同，意义有别：手部抬高表示"赞美""欢欣""希望"之意；平放是"乞求""请施舍"之意；手部放低表示无可奈何，很坦诚。

8. 俯手式。掌心向下，其余状态同仰手式，这是审慎的提醒手势，同时表示反对、否定之意；有时表示安慰、许可之意。

9. 手切式。五指并拢、手掌挺直，像一把斧子用力劈下，表示果断、坚决、排除之意。

10. 手啄式。五指并拢呈簸箕形，指尖向前，表示提醒注意之意，有很强的针对性、指向性，并带有一定的挑衅性。

11. 挥手式。手举过头挥动，表示兴奋、致意；双手同时挥动表示热情致意。

12. 掌分式。双手自然撑掌，用力分开。掌心向上表示"开展""行动起来"等意；掌心向下表示"排除""取缔"等意；平行伸手则表示"面积""平面"等意。

13. 拳举式。单手或双手握拳，平举胸前，表示示威、报复；高举过肩或挥动或直锤或斜击，表示愤怒、呐喊等意。

14. 拳击式。双手握拳在胸前做撞击动作，表示事物间的矛盾冲突。

15. 拍肩式。用手指拍肩击膀，表示担负工作、责任和使命的意思。

16. 颤手式。单手或双手颤动，必须与其他手势配合才表示一个明确的含义。

手势语言是人类在漫长进化历程中最早使用的一种交际工具。在原始社会里，先民们主要是依靠手势语言进行交际的。而后，人类社会出现了有声语言和文字，手势语言才降为对有声语言辅助、补充和修饰的从属地位。

在各种交际场合，遇到了相识的人，如距离较远，一般可举手招呼，也可点头致意，还可脱帽致意；遇到不熟悉的朋友，可点头或微笑致意；送别客人或朋友时，可举手致意，或挥手致意，也可挥手帕致意，或挥动帽子致意。手的挥动幅度越大，表达的感情也就越强烈。此外，一般场合都需要握手，这也是平日运用得最多的一种手势语言，它承载着丰富、深邃而微妙的信息。一般来说，上级与下级、长辈与晚辈、女性与男性、主人与宾客之间，应由上级、长辈、女性、主人先伸出右手，下级、晚辈、男性、宾客才能伸出右手与之相握。握手力度要均匀适中，这是礼貌、热情、友善和诚恳的表示；而握手用力太轻，被认为是冷淡、不够热情；用力太重，又会显得粗鲁无礼。

二、用眼睛表达自己

心理学研究表明，在人的各种感觉器官可获得的信息总量中，眼睛要占80%以上。人内心的隐秘，胸中的冲突，总是自觉不自觉地在不断变化的眼神中流露出来，它犹如一面聚焦镜，凝聚着一个人的神韵与气质。泰戈尔说："一旦学会了眼睛的语言，表情的变化将是无穷无尽的。"

高尔基在回忆列宁的演讲时写道："在他那蒙古型的脸上，一双锐利的眼睛在闪闪发光，表现出一个不屈不挠的战士对谎言的反对以及对生活的忠实，他那双眯缝着的眼睛在燃烧着，使着眼色，讽刺地微笑着，闪烁着愤怒。这双眼睛的光泽使得他的演讲更加热烈、更加清晰，有时仿佛是他精神上有一种不可战胜的力量，从他的眼睛里喷射出来，那内容丰富的话语在空中闪光。"当代演讲家彭清一演讲时，总是以自己的亲身体验现身说法，把饱满的热情淋漓尽致地"写"在眼里，其眼窝、眼睑、虹膜和瞳孔组成一台完整的戏。

刘鹗在他的小说《老残游记》中有一段关于艺人王小玉上台说唱的描写："……她将鼓槌子轻轻地点了两下，方抬起头来，向台下一盼。那双眼睛如秋水、如寒星、如白水银里头裹着两丸黑水银，左右一顾，连那坐在远远墙角里的人都觉得她看见自己了。那坐得近的，更不必说。她的眼神的意思是：我已经注意到各位了。"

这眼神奇妙绝伦，就像无声的问候和命令，比高叫一声"请大家安静"更起作用。

眼神是运用眼的神态和神采来表达感情、传递信息的无声语言。在面部表情中，眼神是最生动、最复杂、最微妙，也最富有表现力的。眼睛是心灵的窗户，最能倾诉感情，沟通心灵。眼神千变万化，表露着人们丰富多彩的内心世界。正如苏联作家费定的小说《初欢》中所描写的那样："……眼睛会发光，会发火花，会变得像雾一样暗淡，会变成模糊的乳状，会展开无底的深渊，会像火花和枪弹一样投射，会质问、会拒绝、会取、会予、会表示恋恋之意……"眼睛的表情，远比人类的语言来得丰富。

在与人交谈中，正视对方，表明对对方的尊重；斜视对方，表明对对方的蔑视；看的次数多，表明对对方的好感和重视；看的次数很少或不屑一顾，表明对对方的反感和轻视；眼睛眨动的次数多，表示喜悦和欢快，也可表示疑问或生气；眼睛眨动的次数少甚至凝视不动，表示惊奇、恐惧或忧伤；如果不敢直视对方，也可能是因为害羞，可能有什么事不愿让对方知道；如果怀有敌意的双方互相紧盯着，其中一方突然把目光移向别处，则意味着退缩和胆怯；如果谈判时有一方不停地转动着眼球，就要提防他打什么新主意或坏主意；如果是频繁而急促地眨眼，也许是因为羞愧、内疚，但也可能表明他在撒谎……

配合着眉毛的变化，眉目传情意义更为广泛。欢乐时眉开眼笑；忧愁时双眉紧锁；愤怒时横眉怒目；顺从时低眉顺眼；戏谑时挤眉弄眼等。

演讲目光语最主要的是强调眼神的运用。一般来说，不同的眼神传达着不同的情感。目光明澈表现胸怀坦荡；目光狡黠表现心术不正；目光炯炯表现精神焕发；目光如豆表现心胸狭窄；目光执着表示志向高远；目光浮动表现轻薄浅陋；目光睿智表现聪明机敏；目光呆滞表现心事重重；目光坚毅表示自强自信；目光哀颓表示自暴自弃。除此之外，故弄玄虚的眼神乃是高傲自大的反映；神秘莫测的眼神则是老奸巨猾的反映；似宝剑出鞘咄咄逼人的目光是正派敏锐的写照；如蛇蝎蛰伏灰冷阴暗的目光是邪恶刁钻的写照。坦诚者目光像一泓清泉，悠然见底；英武者目光如电掣雷奔，波澜壮阔；典雅者目光似云雾初开，林鸟相逐；俊秀者目光如玉，珠胎含月；妖媚者目光似春花始香，夏梅初笑；豪放者目光如风云波浪，海天苍茫……

眼神的表达丰富多彩。有诗人描述说："眼睛是心灵的窗户，不会隐藏更不会说谎。"因此，得体地运用目光语会给你的演讲增添光彩。

在演讲中，让眼睛说话，就需要注意以下几点：

1. 以明亮有神、热情友善、充满智慧的眼神，向听众表明你的坦诚、灵活、自信和修养，给听众一个良好的第一印象。

2. 用眼神的变化表达自己内在的丰富感情。

3. 三种视线交替使用。三种视线分别是指环顾的视线、专注的视线和模糊的视线。环顾的视线，可以照顾全场，关心每一位听众，增强听众的"参与感"，表明演讲者是同所有听众交谈；专注的视线，就如同进行"典型调查"，把准听众的心理，可以用来启发引导听众，或者赞扬、鼓励听众，或者制止个别听众的骚动，调整、控制会场；模糊不清的视线，可以向听众表现演讲者在认真思考，加强话语的价值，也可以借此为视线变化的过渡，稳定自己激动的情绪，同时向听众表明自己有较好的经验与修养。

三、摆正体姿

在当今社会，人的身体姿态不仅是"修身养性"的基本要求，还是用来表示仪表、传递信息的重要体态语言。

在社会交际中，雅俗的表现与显露，姿势是一个衡量的重要标准。姿势在礼节上是一种文明修养的表现，也是一个人良好素质的反映。优美的姿势联系着一个人的心灵，可以说是心灵的外化。形体动作的词汇是非常丰富的，它不仅可以传情达意，更可透露一个人的心态。不同的姿势可以反映一个人特定条件下的心态，通过姿势可以准确地窥测其心灵的俗与雅。

姿势是雅俗表现与显露的必要标尺，人的身体的每一个姿势变化通常都反映了交际者的文明程度。比如，在社会交往中，步伐矫健，轻松敏捷，能让人感到年轻、健康和精神焕发；步伐稳健，端

社交中对姿势的要求

具体地说，在社交场合中对各种姿势有以下要求：

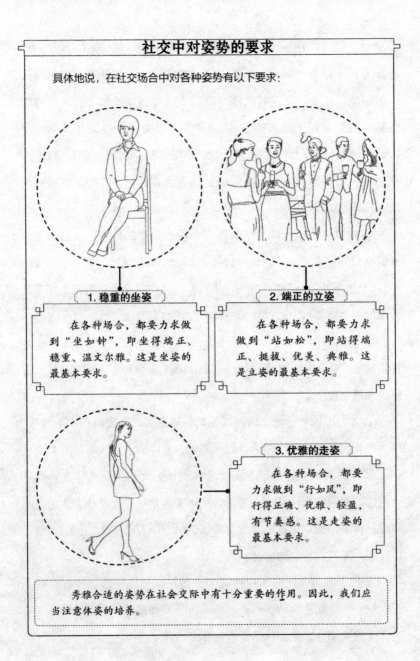

1. 稳重的坐姿

在各种场合，都要力求做到"坐如钟"，即坐得端正、稳重、温文尔雅。这是坐姿的最基本要求。

2. 端正的立姿

在各种场合，都要力求做到"站如松"，即站得端正、挺拔、优美、典雅。这是立姿的最基本要求。

3. 优雅的走姿

在各种场合，都要力求做到"行如风"，即行得正确、优雅、轻盈，有节奏感。这是走姿的最基本要求。

秀雅合适的姿势在社会交际中有十分重要的作用。因此，我们应当注意体姿的培养。

正有力，给人以庄重、沉着和自信的印象；步履蹒跚，弯腰弓背，垂首无神，摇头晃脑，往往给人以丑陋庸俗、无知浅薄或是精神压抑的印象。又如，交谈时高跷二郎腿，随心所欲地搔痒，习惯性地抖腿；或是将两手夹在大腿中间和垫在大腿下，或是分开两腿呈"大"字形，或有女性在场时，半躺半坐、歪歪斜斜地瘫在座椅上，都是失礼而不雅观的，会给人留下缺乏教养、低俗轻浮、散漫不羁的不良印象。

体姿对一个人整体形象的塑造有着很重要的作用。人的体姿与人的相貌同等重要，共同显示出一个人的气质与风度。如果"站无站相""坐无坐相"，即使再漂亮，其气质与风度也会大打折扣。相貌是天生的，而体姿可以通过后天的训练向理想姿态转变。

体姿语由两部分组成。一是指说话双方的空间距离，二是指各种不同的身体姿势。体姿语运用的总体要求是准确、适度、自然、得体、和谐与统一。

首先，准确、适度。所谓的准确、适度，就是要根据说话内容、说话环境、说话对象、说话目的的需要，准确恰当地运用。

其次，自然、得体。就是要求体姿语的运用不故作姿态，要适合自己的身份和交际场合。无论是从审美的角度，还是从表达功能的角度，体姿语的运用都要自然、得体，做到既符合审美的原则，给人以美感，又符合特定的情况。

最后，和谐、统一。包括两个方面：一是体姿语言和有声语言配合统一，才能准确地表达自己的思想感情和愿望，否则，就不能收到既定的效果；二是各种体姿语言要求一致而协调。

◉ 演讲与口才知识

"坐如钟，站如松，行如风"，这是古人提出的姿势范式。在社会交际中，对姿势的基本要求是：秀雅合适，端庄稳重，自然得体，优美大方。

入座时，应轻、缓、稳，动作协调柔和，神态从容自如。人应走到椅子前，转身背对椅子平稳坐下，若离椅子较远，可用右脚向后移半步落座。女子入座尤其要娴雅、文静、柔美，若穿裙子则应注意收好裙脚。一般应从椅子左边入座，起身时也应从椅子左边站立，这是一种礼貌。如要挪动椅子的位置，应当先把椅子移到欲就座处，然后坐下去。坐在椅子上移动位置，是有违社交礼仪的。

落座后，应双目平视，嘴唇微闭，面带微笑，挺胸收腹，腰部挺起，重心垂直向下，双肩平正放松，上身微向前倾，双膝要并拢，手自然放在双膝上。亦可双脚一脚稍前，一脚稍后。两臂屈放在桌子上或沙发两侧的扶手上，掌心向下。坐椅子时，一般只坐满2/3，脊背轻靠椅背。端坐时间过长，可以将身体略微倾斜，面向主人，双腿交叉，足部重叠，脚尖朝下，斜放一侧，双手互叠或互握，放在膝上。着西装裙的女士，最好不要交叉两脚，而是并靠两脚，向左或向右一方稍倾斜放置。起立时，右脚先向后收半步，然后站起。

站立时，应头正颈直，双眼平视，嘴唇微闭，下颌微收，挺胸直腰，上体自然挺拔，双肩保持水平，两臂自然下垂，手指并拢自然微屈，双手中指压裤缝，腿膝伸直，脚跟并拢，两脚尖张开夹角45度，身体重心落在两脚中间。男女的立姿略有不同。男子站立时身体重心放在两脚中间，不要偏左或偏右；双脚与肩同宽而立；手可自然下垂，向体前交叉或背后交叉均可。女子站立时身体重心在两足中间脚弓前端位置，双脚呈倒"八"字站立；手自然下垂或向前向后交叉放置。

站立后，竖看要有直立感，即以鼻子为中线的人体应大体呈直线；横看要有开阔感，即肢体及身段应给人以舒展的感觉；侧看要有垂直感，即从耳与颈相接处至脚的踝骨前侧亦应大体呈直线，给人一种挺、直、高的美感。男女的立姿亦应形成不同侧重的形象，男子应站得刚毅洒脱，挺拔向上，舒展俊美，精力充沛；女子应站得庄重大方，亲切有礼，秀雅优美，亭亭玉立。

行走时，应昂首挺胸，收腹直腰，两眼平视，肩平不摇，双臂自然前后摆动，脚尖微向外或向正前方伸出，行走时脚跟呈一条直线。起步时身体微向前倾，身体重心落于前脚掌，行走中身体的重心要随着移动的脚步不断向前过渡，不要让重心停留在后脚，并注意在前脚着地和后脚离地时伸直膝部；迈出每一步都应从胸膛开始向前移动，而不是腿独自伸向前。男女的走姿及步态风格亦有所区别。男子的步履应雄健、有力、潇洒、豪迈，步伐稍大，展示出刚健、英武的阳刚之美；女子的步履应轻捷、蕴蓄、娴雅、飘逸，步伐略小，展示出温柔、娇巧的阴柔之美。还应看到，现代女性穿高跟鞋，主要目的不仅在于增加身高，而且在于能收腹挺胸，显示自身走路的动人身姿和曲线美；而步态高度艺术化的时装模特儿，与其说是展示千姿百态的时装，不如说是在显露高雅美妙的走姿。

人的形体在运动中构成种种姿势，良好的姿势形成优美的仪态。英国哲学家培根认为，相貌的美高于色泽的美，而秀雅合适的动作之美，又高于相貌之美，这是美的精华。

演讲与口才知识

心病还须心药医

俗话说:"心病还须心药医。"心理的毛病用心理的方法去矫治是最直接、最有效的。心理卑怯现象是心理夸张性感受所致,必须让心理感受重新归位。要达到这一要求,需要采用心理暗示的方式,对对方有客观、正确的认识,对自己做准确、公正的评估,这样就能保持清醒,树立信心。如当别人说话显示出我们没有的优势时,我们可做这样的暗示:这是他的优势所在,我同样也有优势,是他比不上的。

对于一个要当众讲话的人来说,首先要对自己的讲话内容和讲话效果充满自信,要在精神上鼓励自己去争取成功。你可以用如下几句话反复暗示、刺激自己:"我的讲话对别人具有极大的价值,他们一定会喜欢。""我非常熟悉这类题材,我一定会成功。""我准备得非常充分了。"讲话者不应在讲话前过多考虑可能导致演讲失败的因素,如"我忘词了怎么办?""别人嘲笑我怎么办?"这种负面的自我暗示往往会产生消极的影响。

关于克服当众害羞的心理,卡耐基先生最有经验,而在他的众多经验中最基本的就是:"你要假设听众都欠你钱,正要求你多宽限几天;你是神气的债主,根本不用怕他们。"现代实验心理学表明,由自我启发、自我暗示而产生的学习、行为动机,即使这动机是佯装的,也是导致学习、工作取得良好效果的有力手段。

树立自信的方法之一,就是要记住自己是被邀请来做讲话的。有人相信你的能力,相信你对这一论题十分精通。你提醒自己,如果在座的观众中有人比你更权威,他们早就该被邀请来做演讲了。

我们应该想到恐惧不是与生俱来的，是后天才有的反应。两岁大的孩子在过马路时不会懂得害怕，直到有人猛地把他拽回来，警告他过马路有多么危险。同样，当我们第一次看见同学站起来背诵诗歌，发现他突然哽住了，变得慌张窘迫，以至于全班发出阵阵的窃笑时，我们懂得了当众讲话时害怕。既然紧张、害怕是后天形成的，那么它也是可以被忘却的，或者至少是可以被控制的。

胆子是练出来的

胆量不会与生俱来，也不会从天而降，就像庄稼需要施肥、道路需要整修，它也需要不断磨炼。有人曾对丘吉尔的口才进行了各种分析也未说到重点，他的儿子却一语中的："我的父亲把自己一生中最宝贵的年华都用在写演讲稿和背诵演讲稿上了。"

世界上没有天生的演说家！毫无疑问，丘吉尔被誉为"世纪的演说家"是当之无愧的，但人们可能忘了，他原先讲话结巴，口齿不清，根本就不是当演说家的料儿。他本人身高五英尺半左右（约1.65米），没有堂堂的仪表和风度，而他那难听的叫喊声也不像道格拉斯·麦克阿瑟或是马丁·路德·金的嗓音那样洪亮，没有受过大学教育，他曾经在下院最初的一次演讲中，讲了一半便垮下来了……然而，他并不为此而自卑，并没有从此一蹶不振、认为自己就不是这块料儿。在经过多次的主动练习后，经验和胆量都大大增加的他终于成了举世皆知的雄辩演说家。

英国的现代主义戏剧家萧伯纳才华杰出，并且以幽默的演讲才能著称于世，显示了渊博的知识、深邃的思想。但是，他年轻时胆子很小，羞于见人。初到伦敦，去朋友家做客，总是先在人家门口忐忑不安地徘徊良久，却不敢直接去按门铃。有一次，一位朋友邀请他参加一个学会的辩论会，他在会上怀着一颗忐忑不安的心站了起来，做出了有生以来的第一次公开演讲。当他讲完时，迎接他的不是掌声，而是喝倒彩和讥笑。这次下来，萧伯纳感到蒙受了莫大的耻辱。但是，萧伯纳并没有从此不在公开场合演讲，而是化自卑为动力，化弱点为长处，鼓足勇气，面对挑战。他越挫越勇，拿出超人的毅力，参加了许多社团辩论，并且在社团辩论中总是参与发言，据理力争。他每星期都找机会当众公开演讲，在市场、在教堂、在公园、在码头，无论是面对成千上万的听众还是寥寥无几的听众，都慷慨陈词。终于，萧伯纳成了一名世界级的演说家。

面对陌生的事物或人，我们总是很容易退缩、害怕，想要让自己大胆表达，最好的方法就是让自己习惯开口说话，怎么样才让自己习惯开口说话呢？在任何场合，你都应该积极把握或创造与人交谈的机会，试着与他人闲聊、寒暄、攀谈，说话的次数多了，自然也就成了习惯，胆怯就会逐渐消失。

成功的推销员、演说家并非一开始就对说话习以为常，无所畏惧。一名成功的推销员很可能在历经多次失败之后才建立起说话的勇气，著名的演说家也是从无数次演说经验中才掌握了演讲的技巧，才能赢得满堂彩。第一次的尝试总是比较艰难，但是一回生、二回熟，熟悉之后就能泰然处之，游刃有余。

主动营造减压的气氛

有时候，有的人在单位见到以前在一起玩过的同事，竟然低头不语，装作没看见，自顾自地走过去。乍看起来，似乎觉得这种人很没有礼貌。其实不然，他们并不是高傲不理人，而是害羞、胆小，连很普通的招呼都不知道该怎么打，也不喜欢有事没事都露出一脸微笑，所以，见人只好假装没看见。像这种没有表情的人，除了可以和三四个密友谈天说笑之外，面对其他的人，就不知道该说些什么，无法像闲聊那样，与不熟悉的人自如畅谈。

因此，为了使我们的说话胆量得到提高，为了使自己能成为一个具有较好口才的人，我们在与他人说话时，要设法创造一种轻松和谐的气氛。

热情是这种气氛所必不可少的元素。你最好钻出自己的壳，热情主动地与人交往，不要使冰霜结在你的脸上。要把冰霜融化掉，方法是说些有趣的事。热情的力量会帮助你营造一种愉快气氛，并且使它有人情味儿。

我们应该对知名人士表示敬意，但却不必畏缩、恐慌。只要把他们当成自己的亲戚或师长，很自然地与之进行对话就可以了。我们与知名人士说话的时候，不必害怕或紧张，应该泰然自若，以尊敬而明朗愉快的语调与其交谈，这样就可以营造出一种轻松和谐的气氛了。

演讲内容的设计策略，让你的内容更有说服力

收集资料的原则

收集材料不是一个茫然混乱的过程，我们要知道自己的演讲需要什么样的资料，什么样的资料适合我们的演讲。我们如果不分青红皂白，将我们能看到的信息都收集起来，虽然这让我们得到了大量的资料，但是这样繁重的资料会加重我们的整理数量，增加我们的工作量，因此，有逻辑、有计划地收集资料才能更好地完成演讲。

一、为演讲选择充分的材料

所谓选择充分的材料就是尽可能多地把我们能够收集到的材料全部收集起来，只有这样，才能满足演讲要求大量地、详尽地收集和占有材料。这样我们既能纵向了解事物发生、发展的过程，又能横向了解事物各方面的联系。

在收集材料时，演讲者不但要收集赞同的声音作为论据的材料，对于那些反对的声音，与论点相悖的材料，也要大量地收集，材料越充分，思路就越开阔，论据就越充分，也就越能正确、有力地阐明论点，产生令人信服的雄辩力量。特别是学术演讲和法庭演讲，更要求

论据充足，旁征博引。材料不足往往难以言之成理，很难达到预定的目标。

这就要求我们在更加了解所要演讲的内容的同时，能够更加丰富我们的知识。当演讲者在面对听众的反对意见或刻意刁难时，有充足的材料和准备，才不至于哑口无言，闹出笑话。

二、材料信息要真实可靠

这里的真实可靠，是指我们的材料是有据可依的，是真人真事，是客观世界确实存在的、符合历史事实的。真实是选择材料的出发点，因为只有真实存在、发生过的事情才有说服力，才能够感动人，才最有利于人们形成坚定的信念。选择材料时，要选出最可靠的第一手材料，不能用捕风捉影、道听途说的材料，更不能无中生有、胡编乱造。只有真实的材料，才能取信于人。

三、尽可能地选择具有代表性的材料

我们在收集材料时，有时能够收集到几十或者几百个材料，而通常演讲者的演讲时间只有几分钟，作为一名演讲者，从众多的材料中选择合适的材料是最为重要的一个准备工作。真实具有可信度，新鲜具有吸引力；而典型则由于其深刻揭示事物本质，具有代表性。演讲的目的在于说服人、鼓动人。

具有代表性的、典型的事例，在演讲中可以使演讲有较强的说服力、感染力和鼓动性，而平淡无奇和被多次引用的事例则会使听众产生厌倦的心理，进而使演讲失败。

典型材料与一般材料是比较而言的。只有在充分掌握许多材料的基础上，有比较余地，才能分出高下。在与众多材料进行比较时，要发现典型材料，关键在于演讲者的观察分析能力和思想认识水平。

1. 选择具体的材料

具体，是相对抽象笼统而言的。有些材料虽然真实、新鲜、典型，但由于详略处理不当，尽管讲清楚了来龙去脉，也使人感到"不够味""不解渴"，这恐怕就在于叙述太简略。出现这种情况的原因，对于事例性的感性材料来说，往往是忽视了对重点材料的必要渲染；从记叙的诸要素看，常常是对 Why（为什么）和 How（怎样）交代得不够。如果把 Why 和 How 的内容进行较为详细的阐述，做必要的渲染，就会显得具体，给人留下明晰的印象。比如，"他带病坚持工作，最后累倒在车床旁"，给人的印象就较笼统。如果进一步把他为什么带病工作，如何做的，怎样累倒的，累倒后又怎样，当时的现场怎么样等做必要的交代和渲染，给人的印象就会具体得多。

2. 定向收集材料

收集材料要把准方向，防止盲目性和随意性。生活千头万绪，书报浩如烟海，时间和精力不容我们有见必记、有闻必录，这不仅没有必要也没有可能。我们必须把准方向，有计划、有针对性地收集。所谓把准方向就是围绕论题进行，根据论题划定的区域范围，按计划、有重点地工作。选择的论题要大小适中，不宜太窄，也不宜过宽。太窄，往往会漏掉与之相关的材料，使用时没有回旋余地；太宽，往往很难抓住主线和重点，造成内容芜杂臃肿，并会削弱和冲淡主题。例如，做一次题为《岗位成才》的演讲，不妨把收集目标集中在下列几方面：从名人先哲的著作中收集有关成才的论述及有关部分和整体关系的论述；从教育学和心理学的图书中收集有关成才理论和有关青年心理特点及其发展趋势的论述；从历史图书中收集有关青年在工作中立志成才的故事；从报刊和现实生活中收集，特别是收集本单位青年在本职岗位上所做贡献的先进事例等。确定了这样一个范围和方向，收集材料就会顺利得多。

3.选择新鲜的材料

新颖别致，是就听众的感觉而言的。新奇感是促使人们注意的心理因素。演讲者立论高妙，演讲材料新鲜，就能较好地激起听众的新奇感，引起注意。这对深化主旨，充实内容都有着十分重要的意义。鲁迅先生在这方面为我们树立了很好的榜样。他常借古讽今，十分生动，如《由中国女人的脚，推定中国人之非中庸，又由此推定孔夫子有胃病》的演讲，运用了大量历史材料和现实材料，古今结合，使人感到异常新鲜、有趣。

4.选择感人的材料

在演讲活动中，要注意选取能引起听众兴趣和打动听众的材料。在现实生活中，许多感人的事情都是看似违背常理但又在情理之中的。例如，有位演讲者在演讲时引用了一位老师上课总是请假跑厕所的事例。这种事显然违背常理，令人好笑。可是，当你知道这位老师身患膀胱癌，长期尿血，直到他被抬上病床，大家才发现他揣了一大摞病假条却从不请假时，你会觉得看似违背常理的事情，其实却在情理之中。演讲者用这件事来说明这位老师的高风亮节，十分生动感人。在现实生活中有许多这样的事例，关键在于要善于发现这种有违常理事例的特殊性。此外，演讲要感人，讲人们的奋斗经历，讲与听众切身利益相关的事，才容易达到目的。

查阅、研究资料和向他人求教

只有收集到大量的资料，演讲者才真正具有站在公众面前的勇气。演讲是向听众传达信息，如果你不能满足听众的需要，不能提供足够多的信息，那么你的演讲效果一定不好。根据演讲查阅相关资料，向他人求教都是很好的办法。

一、根据演讲题目查阅相关资料

好好规划一下资料的查找工作能够使你在指定的时间内获得最好的结果。这一点要求你在匆匆忙忙地开始查找之前必须认真考虑自己的演讲题目和场合。你有多少时间？就你演讲的性质而言必须查阅哪些事实？哪些题目要调查？你查阅资料的目的是什么？

1. 从演讲题目入手

先从了解"总体情况"入手。你不应该先入为主地在一个方面的资料上花费大量时间，这样做也许会遗漏与演讲题目相关的其他重要方面。随着研究的深入，你会得到更加具体、确凿的材料，你知道哪些内容可以置之不理，即使其他方面的有关内容突然冒出，根据已经掌握的知识你也完全能够把握这些提示，并顺藤摸瓜进一步深入下去。

演讲者在查阅资料之前的准备或探索性研究是由一系列活动构成的。面对一个知之甚少的题目，在分析题目之前你必须先查阅一些概括性的知识。即使你对演讲题目很熟悉，你也得在准备查找资料之前在脑海里先厘清自己的思路。

2. 规定完成时间

根据你可以支配的准备时间和演讲题目的不同，你要进行的查阅工作也会有很大的差异。建议你为自己的准备工作制定一份可行的时间表。如果演讲前一天才接到通知，你不可能详尽地查阅所有相关文献，但是可以从百科全书之类的书中查找概括性的资料。如果时间较为充裕，你的准备活动就可以更加深入，先从概括性的书籍当中查找线索，用它们作为指导再寻找其他更加细致、具体的资料。跳读是从头开始查找资料时最有用的技巧之一。在从图书馆查阅书籍或为此购买图书之前，先迅速浏览一遍书目。因为你没有时间把所有的书都看完，一定要掌握最重要的方法和理论。要首先查看书籍目录，跳过第一章和最后一章，或者阅读某一章或一篇文章的第一段和最后一段。记下书中频繁引用的重要学者和公众人物的姓名，留意反复出现的概念和研究项目，不必一字不落地把整个句子读完。

开始浏览时，翻找一些综述或有关该问题现状的文章和书籍。这些文章和书籍概括指出该问题目前的思潮，追溯该问题来龙去脉的文章段落也非常有用。这些文章和书籍往往很容易从题目中加以识别。

跳过一些资料，阅读一些概括性的书籍可以让你对自己的题目有大致的把握，你就可以进一步缩小范围，把查阅内容集中到某些问题上。

3. 带着分析性问题查阅资料

当你已经完成背景资料的查阅，还没有开始主要的研究活动之前，你要回头分析自己的演讲题目。想一想你是否要把题目缩小为某个问题，调整自己的演讲目的，或者修改主题句的遣词造句使之适应演讲场合。

4.熟悉相关的专业术语

为新题目查找资料就像学习一门新的语言一样。随着逐步展开对题目的研究，你就能够列出这个过程中所出现的关键词。比如，在研究职业女性时，你会发现自己必须搞清楚"机会均等""果断行动"和"相对价值"等之间的区别；你会注意到如"玻璃天花板""女强人综合征"和"粉领工人"等都是关键性的名词，在谈论你所面对的问题时这些词已被广泛采用。熟悉与演讲题目有关的语言随着研究的展开而变得不可或缺，因此你在浏览文献时要查找这些关键词。

当然，如果你熟悉的人群中有人对你要演讲的项目非常了解，那么请教他们就再好不过了。

二、直接向他人求教

直接向他人求教相关问题是非常便捷的一个方法。如果没有特别合适的人选，你也可以请教一下周围的人对你要演讲的题目的看法。你的朋友、家人、同事都可以成为信息渠道。

在你根据演讲题目组织整理自己的思路时，先和那些自己每天接触的人谈一谈。你可能会喜出望外地发现有人对你要讲的题目非常在行。在大多数情况下，这些人告诉你的情况是他们自己的观察和体验，在书本中是无法找到的。随便和几位朋友交谈一番，你就会惊喜地发现获得了很多自己原来不知道的知识。

采访的技巧

采访是获得材料的重要手段。不要慌慌张张、毫无准备地采访别人。分析一下采访对象，想一想他或她该如何最大限度地为你的研究提供帮助。如果面谈的对象就你所要谈论的问题写过文章或有专著出版，先把这些资料读一读。你应该事先设计一系列具体而明确的问题，这样就不会浪费宝贵的面谈时间，否则只能得到一些在百科全书中也可以查到的内容。你要准备一些没有确定答案的问题，而不是做肯定或否定回答的问题，或者只需简单地进行事实确认，但是不要含糊其词让对方不知该从何说起。

采访时先用几分钟时间融洽气氛，建立进行采访的背景，介绍自己的身份，解释你为什么需要了解这些情况以及你已经得到哪些信息。同时，再次说明你的采访将占用多长时间。这些内容也许是再次提起你打过的电话或写过的信。如果你希望把采访过程录下来，首先应该征得被采访者同意，但是最好准备记录纸和笔，以防录音失败。不管怎么说，即使你确实把采访过程录了下来也应该记录采访内容。笔记可以帮助你让采访始终沿着所设计好的、有待澄清的问题前进，在重新听录音内容时，书面记录还可以帮助你把握重点。

开始提问时，一定要把大部分时间留给被采访者，不要打断、表示异议或鲁莽地说出自己的看法。用话语和身体语言鼓励专家继续说下去：点头、微笑、表示兴趣，留意自己的姿势和面部表情，用谦和的评价鼓励对方，如"我明白了""非常有趣""那么后来怎么样"，并为采访结束留出一定的空余时间。要有时间观念，如果时间快到了，要主动停止发问，即便你只得到了一半问题的答复。总结自己的采访角度，通常请被采访者进行总结性发言会获益颇多。有些情况下你可以这样问："您希望我提出哪些问题而我没有提到？"当然最后要对他或她表示感谢。

演讲材料的收集范围和具体方法

丰富的材料是演讲成功的一个重要因素。熟悉演讲材料的收集整理范围非常重要，更重要的是还要收集属于自己的材料，整理属于自己的素材，而且要保证材料的充足。

一、演讲材料收集整理的范围

演讲材料收集整理的范围主要包括直接材料、间接材料和创建材料。

二、准备属于自己的素材

这里强调一个"自己的"，虽然念一本书也是一种准备，但并不是最好的方法。从书上找材料，是有帮助的，但假如一个人仅想从书本上得到一大堆现成的材料，立刻据为己有而讲给别人听，难以获得听众热烈的掌声。

三、积累的材料一定要充足

别人的东西，只要消化了就能成为自己的东西。积累材料的过程就是收集属于别人的东西，纳为己有。然后在开始演讲前，就集中于某个题目，去注意和思想、去斟酌、回想并选择最能引起你兴趣的题材，加以润色，改造成另一种形式，成为你自己的作品。

关于怎样准备演说，某演说家如此回答："我的准备是这样的，当我选择了一个题目时，就把题目写在一个大信封上，我备有许多这样的信封。假如我在读书时遇到一些好材料，认为将来用得上，就把它抄上，放入适合它题目的信封里。另外，我一直带着一本记事簿，当我在听别人演讲时，听到有切合我题目的话，便立即把它记下来，也放入信封。当我要演讲时，就针对我要讲的题目取出我收集的所有材料，再加上我自己的研究，这样一篇文章就形成了。在我许多年的演讲中，从这里取一些，从那里摘一点，因而演讲永远有材料，也不会陈旧。"

材料需要积累而且需要积累充分。收集 100 个意见、思想，选择 10 个非常契合题目的，而抛弃另外 90 个。收集丰富的资料和知识，可以增加自信，可以使你觉得安然有把握，这样一来，讲话的态度自然大方。这是准备演说最重要的基本原则，演讲者不应该忽略此点。

整理资料的原则

一、选出真实的材料、剔除虚假的材料

如果演讲者使用这种没有经过考证或找不到出处的材料，准备材料的工作就不能说是完善的。可以设想一下，如果演讲内容被听众怀疑其准确性，演讲的效果就很难好。要在平时多下功夫，经常查阅有关书籍、资料并将用得着的资料摘录下来，注明资料的出处，以便在演讲时引用，这能提高演讲的效果。材料准确性的另一个方面是用词准确。任何一篇演讲的第一个要求都是让人听懂，即演讲者的用词必须与听众使用的词汇一致。凡是演讲者使用的词汇、术语超出一定

范围，就应该加以解释。特别是面对非专业的听众发表有关专业方面的演讲时对专业词汇就应该进行解释。

为了保证材料的准确性和可靠性，我们可以对材料进行刨根问底，如在材料中有哪些人？他们在做什么？他们是什么时候做的这些事情？这件事情发生在什么地方？为什么要做这些事情？他们是怎样完成这件事情的？这些问题可以帮助我们了解材料的情况，帮助我们辨别材料的真假，可以帮助我们厘清材料的脉络，完善我们的演讲，同时，可以帮助我们避免在演讲时闹出笑话。

二、选出有新意的材料，舍弃平淡的材料

有新意的材料，指的就是能够成为演讲的依据，同时是大部分听众没有听过或者没有想到的材料。

世界上没有两片完全相同的树叶，人不能进入同一条河，这是因为事物是不断变化的，而人更喜欢多变。相声演员、小品演员经常抱怨说他们要不停地变换段子，因为再好的段子，观众看过几次后也就失去兴致了。同样，一支非常好的流行歌曲也不可能长期占据榜单的前几位，这都是人们喜欢多变的事物的原因。

演讲要有新意，谈论问题要有超越一般、不同凡响的感受和见解。比如，谈论"怎样看待人体美？""离婚率的上升说明了什么？"这一类题目，往往会引起别人的注意和兴趣。这就是选取新题目，有所新发现。可口可乐是目前世界上最畅销的饮料，可口可乐公司推销成功的秘诀是什么呢？就是广告有新意，与众不同。

在某次会议上，主持人请企业领导讲话，他谢绝了。理由是：一时讲不出新的意见，与其重复别人的话不如少说，最好是索性不说。这位领导的做法值得提倡。实际上那种一讲老话、套话就没完的现象真的比比皆是。有些人讲起话来滔滔不绝，可往往是打着官腔，说套话，信息量很少，缺乏给人以启迪的东西，甚至只是起到了留声机、传声筒的作用。听这种没有新意的讲话，实在是味同嚼蜡，令人生厌。据说有个知名人士作报告，这里讲，那里讲，一年之内每次所讲的内容都如出一辙，丝毫没有变化。试想，社会在变，听众在变，可报告者如此一成不变、墨守成规，还有什么价值和吸引力呢？即使这个报告起初内容不错，可是日复一日地重复也早让人生厌了。

要做内容有新意的演讲当然有许多方法，但首先要有自己的个性和积极的自我意识，要敢于标新立异。一个人如果不能发现和发挥自己的与众不同之处，不敢表现真实的自我，那就不可能用自己的语言表达自己的思想感情，演讲就没有生命力。

三、优先选择幽默风趣的材料，放弃枯燥呆板的材料

演讲要想引起听众的兴趣就要选用新颖的、生动有趣的、寓意深刻的材料。吸引听众的有趣材料是演讲的调味品。适当地使用诙谐幽默的材料将在吸引听众方面起重要的作用，它可以帮助你消除和听众之间的紧张感，委婉地表达自己的意见，巧妙地解除窘境，甚至可以出奇制胜。使用给听众设悬念的办法，也能增加演说的趣味性。演说者可根据听众的心理，在演说中提出问题，然后解答问题，使听众的思维和注意力自始至终跟着演讲者的思路走。

四、选材要紧紧围绕主题

主题是选材的依据。选择材料必须紧紧围绕主题，选择材料时必须考虑它能否有力地支持主题或为主题服务，否则，再生动的材料

也不能用。即坚持这样一条原则：凡是能突出、烘托主题的材料就选用，否则就舍弃。能够有力支撑主题的材料一般包括演讲者自己受感动的材料；演讲者亲身实践证明了的材料；听众感兴趣的材料等。

正确安排要点的方法

收集到足够的材料之后，把所有的想法根据演讲题目进行筛选，保留自己满意的部分，然后对它们进行整合，最后做到前后连贯，这个过程涉及很多步骤，主要包括：产生想法，把想法归类，把每类想法综合起来，然后重新过滤、调整并且理顺各种想法的关系，最终确定各个要点。

一、广泛收集想法

在准备演讲时，不要限制自己的思路。把你觉得演讲中可能提到的内容随手记下来，不管这些内容是在收集资料时还是在整理准备放弃的资料时碰到的。不要对任何想法心存偏见或轻易抛弃，把它写下来，现在不必为你记录的内容排列顺序。加快工作速度，即使其中有些只是另一种想法的不同表达或者与另外一些想法截然对立也不要在意。除非已经积累了充足的原材料，否则无法着手进行整理。

二、整理归类想法

可以采用许多不同的方法进行组织整理，选择适合自己的一种或几种方式，加以组合，起决定作用的可以是视觉效果或者演讲内容。

1.基础的、可行的提纲

组织演讲内容最传统的办法是采用阶梯形的、缩格提纲的格式。

但是在确定提纲的时候不要自我局限，认为只能用正式的、完整的句子列出提纲。用完整的句子列出提纲对你清楚表达要点和分要点很关键，但是运用主题提纲这种比较灵活的形式也很有好处。

因为你可能会尝试采用不同的办法整理思路，因此不要把时间浪费在措辞或格式上，以不同的方式对各项内容加以整理，使得它们能够和谐地组织起来，直到发现一种紧凑而清晰明了的结构为止。

2. 概念图

概念图是一种厘清思路的方式，通过它可以直观表示某些概念之间的相互关系，你可以按照其基本形式很快绘制简单的图表，用中间标有说明的圆圈或方框表示，再用线把它们连起来。

3. 调整可移动的想法

把内容分布在纸上各个部分，它也可以类似于列提纲用线性方式连接内容。比如，你可以把自己的想法在记事贴上记下，把它们粘在墙上或桌上。你可以根据主题把它们集中起来，把某一组的某些部分移到另外一组，直到你对整体结构感到满意为止。或者，如果你更喜欢以线性方式考虑问题，那么可以根据记事贴上的内容制定原始提纲，提纲可以写在任何地方，包括缩格记录的分要点。

另一种可行的方式是从收集资料的笔记卡片入手，在卡片上添加你自己的想法。我们建议在查阅资料时使用笔记卡片在上面注明标题。你可以从这里着手写下自己的看法、过渡句，并再用一些卡片进行综合，把它们插在你认为适当的地方。像记事贴一样，你可以随意改变顺序和模式，变换尝试多种处理主题的方式。充分展示每种组合方式的优点，不要急于下判断作选择。让自己享有充分的自由，能够随意调换各个部分，直到你满意为止。

在这个过程中，你已为自己的演讲准备了好几个可能的要点。下一步是选择最能满足你的演讲目的、效果最佳的要点。

三、要点应独立且符合主题

一看你的论点陈述句，就应该想到你的演讲中应该包括哪些要点，明确必须做出回答的核心问题。一旦明白主题涉及的内容，你就能用论点陈述句检验提纲中的要点了。除此之外，还要注意挑选彼此独立的要点。

要点之所以被称为要点不是偶然的，是因为要点是扩展主题的有限几项核心的不可或缺的内容。

为了尽可能明确清晰地说明问题，要点应该彼此独立。每项都应该排除隶属于另一项的可能性。简单来说，这条法则就是我们常说的一句格言："任何东西都有其所归和所属。"演讲者面临的挑战在于找出一种可以恰到好处地把所有内容加以安排的条理。

四、确定要点的数量

虽然这条规则听起来过于武断，但是并不像你认为的那样束缚手脚。作为演讲者，你应该围绕几个要点整理自己的内容和思路。

重要性相同或逻辑作用平行的要点称为并列要点，用于解释、支持或服务于其他要点展开的逻辑推理过程，重要性稍弱的要点称为分要点。你心中必须明白各种要点之间的关系只是相对的。演讲的每条内容都既是并列要点，又是分要点，这也是对其他内容的综括。

逻辑推理类似于说明内容之间从属和并列关系，如汽车是一种有效的货物运输方式，因为汽车运输的目的地覆盖范围相当广阔；因为汽车的设计形式多种多样，灵活多变；因为汽车相对易于操作。

显然，原因从属于它们所支撑的要点。

安排演讲内容时用于证明要点的论据不能与要点具有同等的重要性，或与要点并列。

演讲稿可以限定演讲进度

演讲稿是演讲的依据。演讲稿能够帮助演讲者确定演讲的目的和主题；梳理演讲思路；提示演讲内容；把握演讲节奏；限定演讲时速；斟酌演讲用语；提高语言表达能力；促进演讲稿写作的研究等。演讲前认真写演讲稿，有如下几点好处：

一、减少妄说，避免出丑

在演说时当众出丑，是非常难堪的事。由于种种原因而当众出丑的情况经常存在，但听众往往会宽容演讲者的技巧失误，而对那些"无知妄说"的演讲、演说时的胡说八道是不会原谅的，出现后面一种失误的原因除少数人是"无实事求是之心，有哗众取宠之意"外，多数人是没有经过深思熟虑，事前没有字斟句酌，他本人对问题还处于模模糊糊、不甚了解的状态。"以其昏昏"焉能"使人昭昭"？再加上上台后高度紧张，血压升高，使头脑发热，故而信口开河、胡说一气。

如果事先写了演讲稿，则不会犯类似的错误。因为撰写讲稿时，演讲者就会认真思考，进入分析、综合、归纳、推理状态。原本散乱、模糊、似是而非的理解，就会眉目清楚，如同在一缸混沌的水中加进了明矾，立刻会变得清澈见底。冷静思考，一般会出现两种情况：一种是觉得自己对问题还没有真切的见解，又不能马上解决，便明智地婉言谢绝演讲，从而避免当众出丑；另一种是立即补充知识，抓紧时间学习，然后再上台演讲，就不会无知妄说，胡扯一气。

二、引发灵感，如有神助

撰写讲稿的过程，其实是一种反复思考、旁征博引的过程。这时，你就会充分发挥自己的智慧，对往日所有的"库存"，包括已有的知识、学问、经验、理论进行搜索和全面整理，如同电子仪器所进行的全方位、多角度、多层次的"扫描"过程。

我们可以把人的思维过程分成以下几个步骤：

1. 收集资料。这时演讲者沉浸在对问题的思考中，正是在这个阶段，收集那些创造活动可能要利用的材料。有些材料也许已经存在演讲者的头脑中了。这些一般性材料在以后将与具体的演讲主题资料融会贯通。

2. 分析资料。一旦原始资料收集充分，演讲者就可以开始分析和研究这些材料，这就是大脑消化阶段的主要工作。

3. 酝酿。当演讲者将材料分析妥当之后，可以完全地放开自己的思维，转移一下注意力，休息一下，这就是酝酿，也可以说是在"做白日梦"。所以好的演讲者要随身携带一个笔记本来记下突然出现的灵感。好的主意或点子，都是在不经意间一闪而过的。

1993 年，日本的一家研究所对 821 名日本发明家的灵感产生地做了一次调查：

枕头上 52%，家中桌旁 32%，浴室 18%，厕所 11%，办公桌前 21%，资料室 21%，会议室 7%，乘车中 45%，步行中 46%，茶馆中 31%。

4. 灵感闪现。当你不经意时，念头有时就会冒出来。及时地把握所产生的观点才能做出成功的演讲。

5. 应用阶段。要求演讲者把想法放到现实世界中测试，看看是否切实可行。例如，检查一下在演讲中是否有低俗的语言，或者对于民族、性别的歧视等现象。

这一阶段的工作要求耐心和坚韧，只有这样才能使演讲最终取得成功。许多人喜欢出主意，但大多数人的耐心和坚持奋斗的精神不足。

三、抛砖引玉，博采众长

要想获得演讲的成功，除了充分发挥自己的智力潜能外，还需要得到他人的指教和帮助。因为演讲要面对众多的听众，"众口难调"已是不容争辩的事实。你所做的演讲，从主题到语句，如果稍有疏忽，稍失分寸，就会得罪听众。要想使之周密并有分寸，最好能预先向你的亲友、同事、上级、老师征询意见，请他们指出谬误之处，以便改正。当然，并非是用众人的意见代替你自己的思索，"谋在于众，断在于独"，最后结论还得你自己做主，但众人的意见可以给你启发（包括正面的启发和反面的启发）。

四、"有恃无恐"，百战不殆

演讲者临场失常，不能将水平正常发挥出来，往往是因为过于紧张。而紧张的原因之一，是自己心中没有把握。尤其对于初次登台的演讲者来说，有了演讲稿，心中就有了底，就可以大胆沉着地进行演讲。即使恐惧心理较重，但由于有演讲稿作依据，也可以继续坚持下去，不至于出现中断演讲的现象。

如果登场前手上已握着一份精妙的演讲稿，这份演讲稿即使让听众自己阅读，听众都能被感染，那么演讲至少就有了百分之六七十的把握，心情自然也就不会紧张，登台演讲就不会发挥失常。他会想："现在我用不着害怕，也用不着粉饰，也用不着过多的表情、拿姿态、做手势，更用不着拿腔拿调，只要对着麦克风，一字一句把意思表达完整，就足以感动听众了，我还怕什么呢！"这就叫"有恃无恐"。在演讲的过程中，当演讲者卡了壳，临时忘记了某些内容，随时看一眼演讲稿，就会把演讲内容连贯起来。但演讲者一定要做到，除长篇演讲外最好不要带讲稿上台，而是应该背熟记在脑海里。

戏剧界有句行话叫作"剧本，剧本，一剧之本，它决定剧场演出一半的生命"。演讲也可以借鉴这个道理，其实演讲稿就是登台演说的"剧本"，这个"剧本"的好坏，决定着演讲百分之五十的成功。所以，有好的演讲稿在手，演讲者一般都能镇定自如，如同吃了定心丸。

五、演讲稿可以限定演讲进度

每一个演讲都是有时间限定的，短的几分钟、十几分钟，长的一两个小时甚至半天或一天，总是要在一定的时间范围内讲完的，不能永远不停地讲下去。所以同一主题的演讲，在不同的时间限定下，其稿件也是不相同的。

拓展你的讲述方式，让你的演讲更有表达力

好的开场是成功的一半

演讲者应殚精竭虑、全力以赴对付好开头，力求一开口就拨动听众的兴奋神经。

良好的开头应如瑞士作家温克勒说的有两项任务：一是建立听众对演讲者的认同感；二是如字意所释，打开场面，引入正题。具体方法是语言新鲜，忌套话、空话；忌那些磨光了棱角的、听众不爱听的老话、旧话；语言准确，忌大话、假话；语言简练，忌空话、抽象话。

文章开头最难写，同样道理，演讲开场白最不易把握，要想三言两语抓住听众的心，并非易事。如果在演讲的开始听众对你的话就不感兴趣，注意力一旦被分散了，那后面再精彩的言论也将黯然失色。因此，只有匠心独运的开场白，以其新颖、奇趣、敏慧之美，才能给听众留下深刻印象，才能立即控制场上气氛，瞬间集中听众注意力，从而为接下来的演讲内容顺利地搭梯架桥。

奇论妙语，石破天惊，听众对平庸普通的论调都不屑一顾，置

若罔闻；倘若发人未见，用别人意想不到的见解引出话题，造成"此言一出，举座皆惊"的艺术效果，会立即震撼听众，使他们急不可耐地听下去，这样就能达到吸引听众的目的。

经常用的形式主要有以下几种：

一、以故事开头

在开头讲一个与所讲内容有密切联系的故事从而引出演讲主题。1940年12月17日，罗斯福总统终于在美国白宫记者招待会上露面了。

此时，正值美、英、苏等国家共同抗击纳粹德国的关键时刻。英国处在欧洲反法西斯侵略的最前线，由于黄金外汇已经枯竭，根本无力按照"现购自运"原则从美国手中获取军事装备。作为英国的重要盟友，罗斯福深知唇齿相依的道理。在反法西斯战争旷日持久的情况下，英国一旦被纳粹击溃，希特勒一朝得势，势必严重威胁美国的全球利益。美国全力支持英国，是理所当然的事情。

但是，美国国会一些目光短浅的议员只盯着眼前利益，丝毫不关心反法西斯盟友和欧洲糟糕的战局。而罗斯福却认为必须说服他们，要使《租借法》顺利通过，以全力支持英国，他特别举行了一个意义重大的招待会。

"尊敬的女士们、先生们！"罗斯福在简要地介绍了《租借法》以后，紧接着就说明了他的设想。"假如我的邻居失火，在数百英尺处，我拥有一条浇花的水管，要是赶紧借给邻居拿去接上水龙头，就可能帮他灭火，以免火势蔓延到我家。但是，在救火前要不要跟他讨价还价？喂，朋友，十万火急，邻居到哪里去找钱。我想，还是不要他十五元为好，只要他灭火之后原物奉还即可。如果灭火后水管还好好的，他会连声道谢；如果他把东西弄坏了，他得照赔不误，我也不会吃亏。"

记者们紧追不舍，问罗斯福总统："请问，总统阁下所说的水管一定是指武器了？"

"当然，"罗斯福毫不掩饰，"我只不过以此来阐述《租借法》原则而已。也就是说，如果你借出一批武器，在战后得到归还，而且没有损坏的话，你就不吃亏；即使军火损坏，或者陈旧了，干脆丢弃，只要别人愿意理赔，我想，你依然没吃亏，不是吗？"

这一番回答之后，再也没有人对此提出任何质疑与反驳了。

这种方式的开场白很能引起听众的兴趣，而且在语言操作上也比较容易，适合那些初学演讲的朋友使用。总之，你要注意的是故事型的开场白一定要摒弃复杂的情节和冗长的语言。

二、开门见山

开门见山式的演讲开场白，也就是一开始就用高度凝练的语言把演讲的基本目的和主题告诉听众，引起他们想听下文的欲望，接着在主体部分加以详细说明和论述。如《在马克思墓前的讲话》：

3月14日下午两点三刻，当代最伟大的思想家停止了思想。让他一个人在屋里总共不过两分钟，等我们再进去的时候，便发现他在安乐椅上静静地睡着了，但已经是永远地睡着了。这个人的逝世对欧美战斗着的无产阶级、对于历史科学，都是不可估量的损失。这位巨人逝世以后形成的空白，在不久的将来就会使人感觉到。

在这里恩格斯以极为简略、精当的话语明确道出了他这次演讲的主题。

开门见山型的开场白适合于比较庄重的演讲场合。因此，它要求必须具备高度的总结概括能力。

三、幽默的开场白

幽默型开场白是以幽默或诙谐的语言及事例作开场白。这样的开场可以使听众在演讲者的幽默启发下集中精力进入角色，接受演讲。

因为笑话中人物鲜明，情节离奇，意义深远，俏皮幽默，所以在演讲开始讲一个笑话会令听众解颐，得到启示，在轻松气氛中领悟演讲观点。

四、引用的开场白

演讲的开场白也有直接引用他人话语的（大多是名人富有哲理的名言），它为演讲主旨作事前的铺垫和烘托，概括了演讲的主旨。

五、抒情的开场白

抒情型开场白主要借助诗歌、散文等抒情文学的形式，通过华丽的辞藻和汹涌澎湃的激情，感染听众，把听众带入诗一般的境界。多数参加演讲比赛的朋友都喜欢运用这种类型的开场白。

例如，林肯在为独立战争时期一位烈士的遗孀辩护时说：

现在，1776年的英雄早已长眠于黄泉，可是，他那衰老而可怜的遗孀，还在我们面前，要求我们代她申诉。这位老妇人从前也是一位美丽的少女，有过幸福愉快的家庭生活，然而，她为美国人民牺牲了一切，到头来却变得贫困无依，不得不向享受着革命先烈争取来的自由的我们请求一些援助和保护。试问，我们能视若无睹吗？

六、演讲注意承上启下

演讲，尤其是赛事演讲，一般来说，选手都需要对演讲的开头、中间、结尾进行全面完整的设计。不可能也不太好做过多的临场更改，这似乎没有什么不好的。但如果你能独辟蹊径，逆向求新，巧妙地承接上一位或前面几位选手的演讲话题，或是他们演讲中的观点、动作等进行引发，效果将非同凡响。这种临场性的引发会给听众留下良好的印象。

运用你的身体语言

身体语言是使演讲效果更好的一种演讲技巧。在深入讨论这一问题之前，必须先弄清楚什么是身体语言。

所谓身体语言就是通过人体器官的动作或改变某一部分身体形态来进行情感思想交流的一种符号序列。通俗地说，身体语言是利用身体动作来传递信息从而达到交际手段的。由于身体语言主要由身体形态的变化来表达，因此又有人将其叫作态势语言。

身体语言在人类文明历史发展进程中的地位和作用虽然不及有声语言，但是，身体语言所表达的意义却比有声语言更丰富、更真实。有声语言所表达的各类信息，大多经过了人的理性思考和总结加工，因而大多蕴含着人的意识中更深层次的东西。而以传递人的情绪和欲望为主的身体语言，在大多数情况下是一种无意识的自然动作，它来源于人先天的动物本能和遗传形态，同时也受一定文化习俗的后天熏陶。

学习研究身体语言，至少具有以下几方面的重要意义：

一、学习各种符合社会规范的身体语言，使个人的身体语言社会化

每个人在婴幼儿时期就开始运用身体语言。最初运用的身体语言具有先天遗传的性质，仅仅表达人的基本感情和原始表情，如喜怒哀乐、饥渴痛痒等。随着年龄的增长，身体语言的学习范围扩大到后天习得的某些社会规范化的类型，如礼貌动作、卫生习惯等。有意识地学习身体语言，将促进个人身体语言的社会化，帮助我们获得社会的认同。

二、了解他人的内心世界，领会对方表达的深层次心理信息

身体语言比有声语言更能真实地流露出人的情感和欲望。因此，首先在医学、文艺、公安等领域，掀起了研究身体语言及其丰富含义的热潮。接着，语言学、传播学、美学，特别是各类管理学科，也相继开始关注身体语言而且越来越广泛地对此进行了研究与应用，从而更深入地了解了人的心理和生理，并且更有效地促进了本学科在各个领域中的广泛应用。

三、帮助人们有意识地运用身体语言，使个人的事业获得成功

绝大多数身体语言是可以通过学习掌握并加以控制的。一旦学习和掌握了身体语言丰富的内容与各种形式，就能帮助人们从无意识到有意识，从家庭小范围到社会大环境，把握自己的身体语言，让它更有效地为个人生活、工作服务，从而取得成功。在演讲时，身体语言技巧的运用，会直接影响演讲的效果。自然、适度、灵活、优雅是对演讲者身体语言的基本要求。在演讲中，身体语言有两种：站姿和坐姿。站姿比坐姿更具表现力，而坐姿则要把听众的目光吸引到胸部

演讲中头部的运动变化

　　一般情况下，演讲者的头部不能随意晃动，但是，也不能僵硬地保持一个姿势，而应该随着演讲内容的变化而变化，以辅助表达不同的情感。

稍高　　　　　稍低

　　当表示希望、请求、祝愿和思索时，你可以把头部微微抬高；当表示羞怯、谦虚、内疚和沉痛时，你则要稍稍低头。

　　演讲时，你的头部向前，表达的是同情和倾听，你的头部偏向侧方，则表现的是高傲和自信等。

偏向侧方　　　　向前

　　头部的运动不能太频繁，幅度也不宜太大，而是要自然。如鞠躬致意时，低头应配合弯腰，但不要让听众看到你的头顶。

　　请记住，一定要根据内容来确定头部的不同状态。并且，自然的头部运动要伴随着颈部、背部和腰部的运动，并且要互相和谐一致。

以上，训练起来难度要更大些。

1. 头部语言的运用

如果不是表达的需要，演讲者的头部就一定要避免往一侧偏，也不要抬得过高或垂得过低。因为面对听众时，演讲者在众目睽睽之下会感受到一种"视线压力"，变得怯场。但是，演讲者是不能无视听众视线的。调整怯场心理的办法有两种：一是运用"回避目光法"；二是把自己的视线投向听众中频频点头的人，从而增强演讲的信心。大胆地将视线对准听众，才会营造出一种与听众亲切交流的氛围。

"眼睛是心灵的窗户"说的是人的紧张、疲劳、喜悦、焦虑等各种情绪都会清楚地写在脸上。而复杂的面部表情会给听众留下极其深刻的记忆。如果表情单调、呆板，那么你的演讲也就毫无说服力可言。而且演讲时，表情切忌做作，初学演讲的朋友则要注意避免那些表示羞涩、胆怯或掩饰口误的消极表情。

2. 手势语言的运用

职业演说家通常都要训练自己的手势语言，而非职业演讲者在设计演讲时的身体语言时，考虑最多的往往也是手。由此可见，手势语言在演讲中的地位是不容忽视的。在演讲中，不同的手势表达不同的情感与意愿。

手心向上常常表示风趣、幽默或坦诚、直率、奉献、许诺等。例如，当讲到"从这里，我们又将踏上新的征途，去收获另一个金秋"这类演讲词时，你可以单手手心向上，从胸前缓缓向前方偏上的角度伸出；当说到"此刻，让我们伴随欢快的音乐，起舞吧"，你也可以两手手心向上，从胸前往前平伸，左右适度地分开。手心向下一般表示否定、抵制、反对、抑制或消失、宁静等。如当讲到"仁慈的人大声疾呼：'和平！和平！'但是没有和平"的时候，你的手势语可以设计为两手手心向下，手掌有力而均衡地向两边划开，但肘部的动作幅度不能太大；当讲到"月光洒落在静静的小溪和树林上"这类演讲词时，你的手势语可以是单手手心向下，往前伸，然后从内向外缓缓移动，表现出月夜山野的宁静。

两手分开往往表示分离、消极的意义，可用在演讲词中表达悲伤，消极。例如，"从此，我们彼此将远隔天涯，在人生旅途上苦苦跋涉"等。

手心向外的竖势姿势总是表示对抗、分隔、矛盾或反对等。例如，当讲到"我们从来不吃这一套"时，你可以一只手手心向外或呈竖立状，用力向前推出。

握紧拳头表示团结、挑战、信心、警告等。例如，当讲到"我们将用行动向你们证明，我们是好样儿的"这类具有挑战、自信的演讲词时，你可以一只手握拳，拳心向内，有力地在胸前轻微振动。

在演讲时，你还可用双手高举、手掌摊开、掌心面对听众的手势语言来表达自己对听众的谢意。

当然，手势语言的表意非常丰富，在此无法一一列举说明。但对手势语言的基本要求是不变的，那就是：尽量简明凝练，不要多次重复而使演讲失去吸引力，不要喧宾夺主，从而削弱了有声语言的主体地位。

初学演讲者，大多不知双手放哪儿合适，那是害怕面对众多的听众所造成的。这时，你不妨在演讲开始时，以下列方式来处理两手的位置：一是把两只手轻松自如地垂放在身体两侧，稍有先后之分；二是可以用一只手握住演讲稿或者书本，或者麦克风等物品，这样有助于消除你的紧张，使你的手会放得更自然；三是当你的前面有讲台时，你可以把手轻轻地放在讲台上。其实，当你投入地演讲时，手就不会不自然了。

初学演讲者的手大多会无意识地做出一些多余或不雅观的动作，如挖鼻孔、捂嘴巴、摆弄钥匙、抚弄纽扣等，这些都是成功的演讲手势语言所不应该出现的；

3. 身躯语言的运用

在演讲过程中，身躯在大多数情况下是面向听众的。但也不是一成不变的，根据演讲内容的需要，你也可以侧身或后转身，但一定要整个身躯自然协调地运动，而且时间不宜过长。更不要只扭头而不转身，像个木偶。

如果你是站着演讲，不要将身躯倚在墙壁或讲台上。如果你坐着演讲，请不要左右扭动身体，也不要把全身紧靠在讲台上。这些姿势会让人觉得你软弱无力，无修养。

4. 腿、脚语言的运用

在演讲中，站立姿势以你自己感到自然、舒适为最佳。一般说来，这样的姿势是：两脚叉开站立成 45 度角，类似稍息的样子，但身体重心不变。在演讲过程中，你可以稍作走动，或者换换脚，但应进行得自然。运用手势语言时，一般要遵循"步行原则"，即手与脚不能同向，做左手手势时，右脚应在前，而做右手手势时，左脚应在前，这样才会有种平衡感。

采用坐姿演讲时，一般来说都有讲台遮住身体的下半部分，因此你就不需要再为腿和脚的姿势多费心思了。

以上谈到的仅仅是演讲时身体语言的一些一般性原则。初学演讲者主要应注意防止消极的破坏性的身体语言的出现，而不必一开始就刻意去追求"一举手，一投足"都要完善和优雅。当演讲成为自己的本能习惯时，你就可以形成自己的身体语言风格，在演讲中展示真正的自我了。

精彩的结束加深听众的印象

结束演讲的方法是多种多样的，没有一种适合于任何特殊情况的通用方法。演讲者可根据自己演讲的具体时间、地点、主题、听者及自己个性等因素，选择适合自己结束演讲的方法，使之有效地为自己演讲的思想和目的服务。

在演讲的结尾，也有些演讲者不考虑如何把演讲留到听众心中，让演讲走入听众记忆深处，而喜欢用一些没有信息含量、没有感情力度的陈词滥调，以致留下松散、疲沓无力的尾巴。有位演讲者这样结束他的演讲："我的演讲就要结束了，此时我向大家表示深深的歉意。耽误了每人五分钟，加起来就耽误了大家五百分钟，很对不起！"本来这位演讲者音色可以，感情贯通，可这样的结尾实在差劲，似乎让人想到鲁迅先生的一句话，耽误别人的时间等于谋财害命。前面精彩的部分被这苍白无力的话语冲淡了。

演讲的结尾应该感情充沛，语气铿锵，像美国作家约翰·沃尔夫说的"演讲最好在听众兴趣未尽时戛然而止"。给人以振奋，给人以鼓舞，给人以无穷的思考和无尽的遐思。

古希腊哲学家苏格拉底被指控由于不信仰人们共信的神而被处死刑时，临死前演讲的最后一段是："诀别的时刻到了——我将死去，而你们还将活下去，但只有上帝知道我们中谁会进入天堂。"这句话意味深远。

结束演讲的常用方法有以下几种：

1. 在演讲结束时简洁、扼要地对自己已阐述的思想进行总结，帮助听者加深印象。

2. 利用赞颂的话结束演讲。人一般都喜欢被称赞。通过一些赞颂的话，会场的活跃气氛可达到一个新高潮，讲者和听者的关系就更融洽了，给听者留下一个满意的印象。但要注意，讲者在说赞颂的话时，不能有过分的夸张和庸俗的捧场，否则听者就会有溢美或哗众取宠的感觉。同时，讲者说话的表情要自然，态度要严肃，口气要诚恳。

3. 利用名人的话或逸事结束演讲。权威崇拜是一种普遍存在的社会心理，恰当地运用权威和名人的话或者逸事结束演讲，可以把演讲推向一个新高潮，给讲者的思想提供最有力的证明。讲者可借助这样的话来结束演讲："最后，我想引用×××的话（或者关于×××的一个逸事）来结束我的演讲……"但要注意，讲者引用名人的话或逸事要有针对性，要能丰富和深化自己演讲的主题。

4. 利用诗结束演讲。用诗结束演讲可使演讲显得典雅而富有魅力，听者听了也会产生清新和优美的感觉。引用诗句同用名人的话或逸事一样，要有目的，要为演讲的主题服务。同时，讲者引用的诗一定要短，最好四句，最多八句，而且讲者一定要谙熟地背诵所引用的诗句，否则弄巧成拙，反而影响演讲效果。

5.利用幽默结束演讲。除了某些较为庄重的演讲场合外，利用幽默结束演讲可为演讲添加欢声笑语，使演讲更富有趣味，并给听者留下一个愉快的印象。讲者利用幽默结束演讲时，要做到自然、真实，使幽默的动作或语言符合演讲的内容和自己的个性，绝不能矫揉造作、装腔作势，否则只会引起听者的反感。

6.利用呼吁结束演讲。这种方法对一些"使人信"（相信）和"使人动"（行动）的演讲来说，效果尤为显著。讲者通过对与听者有共同思想、共同愿望、共同利益和共同语言的某问题的阐述，使演讲达到一定高潮。然后，讲者利用一些感情激昂、动人心弦的演讲词对听者的理智和情感进行呼吁，并借助"为实现我们预定的目的而奋斗"等语言，向听者指明行动的具体步骤，这样一来，讲者实现了激励和感召听者的目的，听者马上就会明了讲者的意图和自己行动的具体方案。

7.利用动作结束演讲。在演讲中，讲者的动作（无声语言）是与听者交流思想的重要媒介，利用动作结束演讲，是一种具有独特风格的方法。例如，有位演讲者在结束自己的演讲时，他穿上外套，戴好帽子，拿起手套，而后诙谐地对听者说："我已结束了自己的演讲，你们呢？"他出人意料的绝技立刻博得了全场听者的掌声。

演讲与口才知识

把握演讲的语言色彩

与用语言进行交流的任何方式一样，演讲同样需要遵循语言的一般规律。如合乎语法、讲究修辞等。但由于演讲者是在公众场合与众多听众进行面对面的直接交流，因此，演讲更讲究视听结合的效果、情感参与的作用和临场应变的能力。

一、形象、个性、口语

使听众的视觉愉悦，那么你的观点就更容易让听众接受。为了使演讲效果更好，演讲者除了应注意自己的外在形象和手势语言外，更应注意的是，演讲者要善于将抽象的哲理物化为活动的景象，让空洞的说教转化为鲜明的画面。

演讲要做到形象化，运用比喻和打比方是最有效的手段。如蔡顺华的题为《小狗也要大声叫》的演讲：

各位朋友，到这个讲坛演讲的，应该是曲啸、李燕杰、邵守义那样的大人物。我这个嘴上无毛的青年人站在这里，很不般配哟。（停顿，提高声调）

不过，我很欣赏契诃夫的一句名言："世界上有大狗也有小狗，小狗不应因为大狗的存在而慌乱不安，所有的狗都要叫！"小狗也要大声叫——就按上帝给的嗓门叫好了！今天，我这个自信的"小狗"，就来大胆地叫几声。

这新颖滑稽的开场白引起观众注意后，蔡顺华简单阐释了契诃夫比喻的本意，又很快从"小狗叫"引入了正题：

试想，一个单位、一个部门、一个地区乃至一个国家，倘若只充斥着极少数名家、权威和当权者的声音，虽不算"万马齐喑"，但群众，尤其是最富有创造力的年轻人的智慧和声音被压抑了，哪里会有真正的"九州生气"？

蔡顺华的演讲结尾更是围绕着"小狗叫"做了如下结论：

那些腹有经纶但阴柔有余、阳刚不足的奶油小生是不敢"叫"的；那些虽"嘴上无毛"但已深谙"出头椽子先烂"等世俗哲学的平庸之辈也是不敢"叫"的；响亮而优美的"叫声"，往往发自那些有胆识的开拓者与弄潮儿。如果我国的每一位"小狗"都发出了自己的"叫声"，那么地球也会颤抖的！

蔡顺华的演讲，通篇利用了"小狗叫"这生动、新奇又幽默的比喻，贯穿始终，使听众在轻松的气氛中接受了一个普通而又严肃的话题。使演讲通俗形象，道理深入浅出，还选用了生活中的实例来证明论点。

某些演讲需要运用数据说明问题，但仅仅把一连串枯燥的数据抛向听众，就会影响现场活跃的气氛。

要想不理会充满形象的演讲，就好像要求歌迷对自己心中的偶像在舞台上精彩的表演不能喝彩。法国哲学家艾兰曾说："抽象的风格总是差的，在你的句子里应该充满了石头、金属、椅子、桌子、动物、男人和女人。"这就道明了应选用形象化的语言。

世界上没有个性完全相同的两个人，就如世界上没有完全相同的两片树叶一样。演讲者曾力求演讲出自己的风格，创造出独特的"讲"。每个演说家都有自己的风格，如鲁迅先生是分析透彻、外冷内热、富于哲理的演讲风格；郭沫若先生是热情洋溢、奔放跌宕、文辞富丽的演讲风格。这就是继形象化后的又一演讲技巧——个性化。

演讲的个性与演讲者自己的个性密切相关。每个人的个性形成与人的性别、年龄、生活环境、生活经历、文化修养、气质、职业等因素有关。如一位女药剂师在第一次品尝啤酒时，脱口而出："哎哟，就像喝颠茄合剂一样！"女药剂师的职业敏感使她把啤酒和颠茄合剂联系在一起，而不像一般人把啤酒比喻为溻水。

当演讲者的个性与演讲词的风格不一致时，演讲者的演讲是很难动情的，也很难感染人。演讲者文化层次很低，大谈一些极其深奥的哲理，只能是囫囵吞枣地背诵，而即使背诵出来也只显得极其牵强；平时很严肃的演讲者，生硬地念充满幽默情趣的演讲稿，总会显得不伦不类。与其这样，不如用符合自己气质、个性的语言进行演讲。

演讲风格的个性化还体现为演讲中所涉及人物的个性。对于演讲中涉及的人物个性不应是一种平白的交代，而要通过生动刻画、语言模拟等手法充分展现。

某些演讲，即使对其立意和材料挑不出毛病，而且从某种意义上来说，还是绝妙好词，但就是不能给观众留下深刻的印象。原因何在呢？其根本就在于演讲者没有把握住演讲词的风格，或者演讲者的个性与演讲词的风格迥异。演讲并不是任何人拿着演讲稿上台照念一遍就行了，还要注意其鲜明的个性，适当采用语言模拟、神态模仿等手段。

在演讲中，不仅要注意语言的形象化、个性化，还要注意演讲语言要通俗易懂。若要使每一句话都深入人心，就必须讲求语言的口语化。听众清晰地接受了演讲者的话是演讲成功的先决条件。

演讲语言不同于书面语言，听众在现场中不可能有余暇去理解某些生僻的词语和隐晦的意思，更不可能像阅读文章那样进行多次的反复领会。口头语言的接受特点就决定了演讲语言的特点，既要清楚明白、生动形象，同时又具有较强的感染力。要使演讲语言达到一个完整的统一体，就必须同时具备形象化、个性化、口语化三个条件，因为它们彼此之间存在着必然的联系，而不是静止孤立的。任何一个演讲者如果考虑到了这三个因素的重要性，并运用到演讲中，那他就具备了成为一个成功的演说家的先决条件。因此，对于初学者来讲，切不可想当然而为之，要把理论的学习和实践结合起来才能达到成功演讲的彼岸。

二、幽默、迂回、悬念

在《演讲入门》中约翰·哈斯灵写道："幽默是演讲者与听众建立友好关系的最有效的手段之一。当你讲得听众眉开眼笑的时候，他们也就主动地参与了思想交流的过程。"哈斯灵总结了幽默在演讲中的作用：建立友好关系和促进思想交流。

有时演讲者并不直接阐明演讲主题，而是以说反话、先贬后褒等手法，迂回点题，这就是所谓的迂回法。这种手法往往能达到"山重水复疑无路，柳暗花明又一村"的演讲效果。

所谓悬念法就是指在演讲过程中提出一个听众极为关心的问题后，并不解答，听众又急于想知道问题的答案，从而调动听众的兴趣，让听众参与到演讲中去。设置悬念是一种有效的演讲方法。某大

◆演讲与口才知识

学举办写作知识讲座，老师在讲到细节描写时，首先设置了一个悬念："请问同学们，男生和女生回到宿舍时，摸钥匙开门的动作有什么不一样呢？"听讲的学生立即活跃起来，有的小声议论，有的抢着回答，有的干脆模拟自己回宿舍找钥匙的动作。主讲教师接着说："据我观察，大多数的女生在上楼梯时，手就在书包里摸摸索索，走到宿舍门口，凭感觉捏住一大串钥匙中的那一片钥匙，往锁孔里一塞，门就打开了。而大多数的男生呢？他们匆匆忙忙地跑到宿舍门口，'嘭'的一脚或一掌，门不开，于是想起找钥匙，把钥匙片往锁孔里一塞，打不开，原来钥匙片又摸错了。"

　　这一番描述，引起了同学们会意的笑声。教师于是又总结道："把男女生回宿舍摸钥匙开门的动作描述出来就是一处细节描写，而细节描写的生动又来源于对生活的细致观察。"这位教师先巧设悬念，让学生积极参与到讲课的过程，然后再利用解答悬念抛出知识点，取得了很好的教学效果。

三、称谓、节奏、简练

（一）称谓

　　"你、你们、我、我们"是最常用的称谓，在演讲中，这些称谓运用得是否得体与演讲的成功有着较为密切的联系。若将"你"与"你们"使用得当，就能集中听众的注意力，因为它时刻提醒着听众去维持一种我是参与者的心理状态，因此，有利于拉近演讲者与听众的距离，进而使演讲获得成功的概率更高。例如，一篇题为《硫酸与我们的日常生活密切相关》的演讲：

　　如果没有了硫酸，汽车将无法行驶，你必须像古代人那样骑马或驾驶马车，因为在提炼汽油时，必须使用硫酸。在你还没有和你的毛巾打交道之前，毛巾就已经和硫酸打过交道了，你的刮胡子刀片也必须浸在硫酸中处理……

但如果"你、你们"使用得不恰当，又可能造成彼此之间的心理鸿沟。例如，在一次学术讨论会上，一位语言学家做了这样的开场白："刚才几位同志的报告都很好，如果把你们的讲稿没收，你们还能不能讲得这样好呢？""你们"一词拉开了这个语言学家与其他人的心理距离，有一种居高临下的感觉，于是，激怒了其他语言学家，他们私下议论："把我们的讲稿没收，我们都讲不好？怎么，把你的讲稿没收，你就能讲好啦，你也太狂了吧？！"

其实只要将开场白中的"你们"换成"我们"就行了。

据心理学家统计，精神病患者是使用"我"的频率最高的人。演讲者如果频繁使用"我"，听众会感觉你是个以自我为中心的人，那么你的演讲就不会受欢迎。此外，在演讲中，特别是学术讨论中，如果需要谦虚地表述个人的新观点时，就可以使用"我们"，听众会因你的谦虚而乐意接受你的观点。

（二）节奏

演讲抑扬顿挫是节奏的主要体现。如果没有节奏变化，听众就会昏昏欲睡。著名演讲理论家费登和汤姆森曾说："关于演讲速度，所应遵守的主要原则，就是随时注意变化。"

演讲中需要慢的地方有：重要的事情、数据、人名、地名，极为严肃的事情，悲伤的感情等。演讲中需要快的地方有：人人皆知的事情，精彩的故事进入高潮时，表达欢快的情感等。

停顿（沉默）是控制节奏、吸引听众注意力、调节现场气氛的一种重要方法。以下是沉默的几个实例。

　　美国前总统林肯是一个很善于运用沉默技巧的著名演讲家。当林肯说到某项要点时，会倾身向前，有时直接注视听众达一分钟之久。这种沉默比大声疾呼更有力量。采用这一手段，听众的注意力被高度集中起来了。爱因斯坦应邀到日本某大学访问，不善言辞的校长竟然在欢迎仪式上紧张得忘了欢迎词。他沉默了很久，才讲出一句话："爱因斯坦博士万岁！"

　　全体集会者在焦急的等待之中，校长那异乎寻常而又发自肺腑的呼喊把大家感动得热烈鼓掌。爱因斯坦更是热泪盈眶，与校长紧紧拥抱在一起。

　　（三）简练

　　马克·吐温针对"演讲是长篇大论好呢？还是短小精练好？"这个问题讲了一个故事：

　　有一个礼拜天，我到礼拜堂去，适逢一位传教士在那里用哀怜的语言讲述非洲传教士的苦难生活。当他说了 5 分钟后，我马上决定对此事捐助 50 元；当他接着讲了 10 分钟后，我决定把捐助的数目减少 5 元；当他继续滔滔不绝讲了半小时后，我又在心里减到 35 元；当他再讲了一个小时，拿起钵子向听众哀求捐助并从我面前走过的时候，我却从钵子里偷走了两元钱。

　　他形象地回答了演讲需要简练。演讲语言提倡口语化和通俗化，但并不是纵容语言的冗长和啰唆。冗长和啰唆既影响表达效果，又会使听众生厌。演讲语言的冗长和啰唆主要是以下几个原因：

重复论证。如1933年，美国参议员爱兰德尔，为了反对通过"私刑拷打黑人的案件归联邦州立法院审判"的法案，在参议院发表了长达5天的马拉松演讲。有记者统计：爱兰德尔在讲台前踱步75公里、做手势1万个、吃夹肉面包300只、喝饮料46升。但他这次演讲并未达到他预期的效果，原因在于他用了琐碎的事例重复论证。

废话过多。有些演讲者在演讲时东拉一句，西扯一句，抓不住要点，思维混乱，逻辑不严密。其演讲只不过是废话的大集合，还有什么魅力可言呢？

打官腔。有些身居要职的官员，喜欢说套话。在演讲中，貌似流畅、得体，实则空洞无物，令人生厌。有人曾入木三分地总结了这类官场语言：同志们，对于我们的工作，我们应该肯定该肯定的东西和否定该否定的东西。我们不能够只知道肯定应该肯定的，却不知去否定应该否定的；也不能只知道去否定应该否定的，却忘了去肯定应该肯定的；更不能去肯定应该否定的，而否定应该肯定的。

反复客套。反复地客套如"我水平有限，肯定有讲错了的地方，请大家多多指教""对这类问题我缺乏研究"等，使听众觉得你这种"老生常谈"大煞风景，令人厌恶。

总之，在演讲语言的技巧方面，我们应该牢记"人类的思考越少，废话就越多"这句名言。

控制演讲的氛围，让现场更有感染力

训练有素不留痕

戴尔·卡耐基在他的著作《口才训练术》一书中记载着这样一件事：

一年夏天，我到阿尔卑斯山脉的避暑胜地——莫林小住，我住的宾馆是伦敦一家公司经营的，他们每周要从英国派来两位演说者，为住店的旅客办讲座。其中有一位著名的女作家，她演说的主题是《小说的未来》。由于她根本没有充分发挥，因而没能很好地表情达意，所以她虽然站在听众面前，却对听众的目光视而不见，不把听众放在眼里，也不与听众交流感情，而是时而望前方，时而看地板，时而看手中的纸条。她的声音和视线，使你感觉不到她在面对着一群人讲话，而是对着虚拟的空间演说。

这种心不在焉的态度当然不能获得满意的效果。其实你该像和朋友促膝交谈一样自然、真诚地演说，和听众产生情感交流，让他们与你产生共鸣，同喜同乐，同苦同悲。否则，若像这位作家一样进行演说，那么面对听众还不如面对没有生命的大沙漠。

和听众交流感情的前提是你必须坦率、真诚。过去有许多关于演讲的书都没有重视这一点，这些书往往只注重演说的规则及形式，认为懂得了这些就能出色地演讲，就能当演说家，因此有的人甚至去背诵雄辩家的演说词。其实，这是低效率的方法，毫无实际效果，更无技巧可言。

较新式的说话训练与曾流行一时的夸张式演说不同。因为现代听众能接受并欣赏的演说者，是面对许多听众发表演说就像和普通人交谈一样坦率、自然而且充满生机与活力的人。所以这种说话训练受到了人们的喜爱。

有一次，马克·吐温在内华达州瓷区发表演说之后，有一位年老的瓷器工程师问他："你每次都能这样自然地施展雄辩术吗？"这句话道出了听众对演讲者的要求，自然的雄辩加以引申，就能说出听众想说的话，与他们产生共鸣。

练习是使自然的雄辩加以引申的唯一途径。在练习过程中，你如果发现自己正在以夸张的语气说话，就应该立即停止练习，并严格地审视并反省：

"怎么能这样子呢？你应当清醒，要说得坦率且自然。"然后，在你的听众中找出最不专心听讲的，只对他演说，暂时把其他人忘掉，设想他在向你问话，你也正在回答他的话，并且想"只有我才能回答他的话"。经过这样多次训练后，听众中即使真的有人站起来提出问题，你也能立即自然地做出回答。你还可以利用自问自答来训练演讲的技巧。比如，"也许各位听众会怀疑，你所说的话有什么证据呢？我们为什么要相信你所说的话？""有的，的确只有证据才能让你们相信，这就是……"经过这样多次训练就会使你的演讲非常自然，而不会让人觉得你是在背台词，并且能使单调、贫乏的演说趋于生动、具体、和谐。

例如，一位英国演说者演说的题目为《原子与世界》。他对原子的研究已达半个多世纪，他很想把自己的感想和知识，清晰地传达给听众，他忘记了自己是在演说，而只是想通过自己热情的话语，让听众正确地了解原子，让听众感觉到他自己所感觉到的事。最后，这位演说者获得了极大的成功。他的演说充满了无穷的魅力和强大的说服力，博得了听众的阵阵喝彩，可以说他是一位具有异常天赋的演说家。然而他并没有炫耀自己是一位演说家，听众也不这样认为，他们之间已自然地水乳交融了。

全力以赴，争取好感

一、全力以赴

诚实、热心和认真的态度，能帮助你达到目的。一个人的强烈情感，能使他展示真正的自我，这是因为强烈的情感能清除一切障碍。这样的演讲者，其行动和演说犹如在无意识中进行。这种自由发挥的状态就是演讲的最佳境界。

英国一位名叫乔治·麦克唐纳的传教士，他在布道时发表了题目叫《致希伯来人书》的演说，给人留下了深刻的记忆。他说：

各位都是信仰虔诚的人，对于信仰的含义，相信已有了一定的了解，用不着我多说，何况还有许多比我更优秀的神学教授在这儿，我之所以站在这里，只是为了帮助你们加强信仰。

这时，他把全部注意力都集中到演说中去了。为了使听众产生真正的信仰，并且虔诚地表达出来，他全力以赴地演说着，他那充满热情的话语将眼睛所无法看到的永恒真理和自己坚定的信仰，生动具体地表达了出来。他说话态度诚恳、感情真挚，这一切反映了他纯朴敦厚的内在气质，而这种演讲态度正是他成功的关键。

柏克·艾德写过出色的演说词，被美国各大学当作雄辩的成功典范来研究，可他本人的演说却很失败，因为他对珠玉一样的演说词，缺乏热烈而生动的表达能力，每当他站起来发表演说时，听众便开始坐立不安，有的咳嗽，有的东张西望，有的走动，有的打瞌睡，有的干脆走出会场，这种情形在会场里实在令人尴尬，因而他得到一个"晚餐报时钟"的绰号。

一枚足以穿透钢板的子弹，如果用手投掷的话，就连衣服的一角都损伤不了，因为它没获得足够的速度，所以没有强大的动能；相反，如果你把豆腐当子弹发射的话，它也无法损伤什么。同样一篇十分精彩的演说词，如果在它的背后没有高水平的演讲技巧来加以再现，那么其效果就会和发射豆腐一样软弱无力。它虽有速度，但本身质地太软了。

二、让听众产生强烈的好感

演讲追求的是一种自然的表达。这种表达是指把自己心中所想的事，所积聚的情感，诚恳地用言语和表情表达出来。掌握了演讲技巧的演讲者，在演讲时就会注意使用比较丰富的词汇来描述，从而扩大自己的内涵所能表现的范畴。如果你认为缺乏改变自己的能力，那么这种表现就难以进行；如果你对改变自己的方法很重视，那么你就

◆演讲与口才知识

会寻找到适合自己个性的表达方式。比较积极有效的方法有：经常检查自己演说时音量的高低、速度的快慢、节奏的强弱等。检查方法：利用录音带录下自己的演说，然后边听边作自我分析，或是请朋友听了你演说后来评判。当然如果能请到专家予以指导，那么演讲会达到更高的境界。

同时，你要记住，不要把太多注意力放在你的表达方式上，那样会使演说流于形式。因此，你面对听众发表演说的时候，一定要满怀热情、全力以赴地去争取听众产生强烈的好感，只有这样，你才能够自由地表达你的思想、意念、情感，才能使你的演说具有极强的说服力。

表达自己的技巧

仅有自信和对听众的了解是不够的，还要注意演说中的表达技巧。这里所说的表达技巧是指表达方式和措辞方面的基本技巧。

一、表达方式的技巧

表达方式不同，则效果迥异。如说"我很讨厌他"或"我不喜欢他"，就不如说"我对他的印象不怎么样"。对一个看来超过40岁的人，与其说"你还不太老"，倒不如说"你现在可正值壮年"。这样别人就会认为你是一个很会说话的人。

为什么会出现这种效果上的差异呢？其实原因很简单，说话人的态度是否谦恭，其问话是否合乎听者的心理，都会直接影响到说话的效果。因为任何人都希望得到别人的尊重和体谅，问话如果不尊重和体谅对方，自己就会自讨没趣。

二、措辞精妙的要诀

在交谈中，措辞的精妙和恰当也是非常重要的一环。如果措辞词不达意，或者粗俗不堪，或者故弄玄虚，那么不管内容有多好，也不会取得良好的效果。要做到措辞简洁精妙，我们在谈话中应注意以下几个方面。

第一，尽量简洁明了。说话一般是越简洁越好。有些人在叙述一件事情时，本来只需一两句话就可说明，但他拉拉扯扯说了很多，却仍没有把意思表达出来。听者云里雾里，费了很多的心思，也不知道他要说什么。矫正的最好办法是在说话之前，先打好腹稿，尽量用最简洁、最少的字把要说的意思表达出来。

第二，同样的言辞不可用得太频繁。一般地说，听者总希望说者的语言丰富多彩。我们虽不必像名人那样字字珠玑，妙语连篇，句句都是深刻精辟的道理，闪耀着哲理的光辉；但也应该在许可的范围内尽量使表述语言多样化，不要把一个词用得太频繁。即使是一个非常新奇的词，如果你在几分钟之内就把它复述了好几次或十几次，那么人们对它的新奇感就会丧失，并对它产生一种厌恶感，进而拒绝接受你的演讲。

第三，要避免使用粗俗的词。常言道："言语是个人素质、修养的衣冠。"一个相貌堂堂，看上去颇为不错的人，如果出口成"脏"，那么别人对他的好感就会消失殆尽。其实，这些人中的相当一部分并非学问、本质不好，只是在追求语言的新奇和俏皮的过程中染上了这种难以更改的坏习惯。试想一下，在一个初次交往的人前，你若说了句粗俗的话，他就会认为你是一个粗俗不堪、没有修养、不可交往的人。

旁征博引的技巧

所谓"援例"就是通常所说的"用例"或"举例"，以事实证明自己的观点。

有经验的演说者在演说时经常举例。这是因为举例既可有效地说明问题，又能使演说内容充实，形式活泼。即常言说的"事实胜于雄辩"。演讲中用例一般应注意以下技巧：

一、贴切

演讲中举例，是为了达到"证明问题、阐述观点"的目的。因此，举例一定要贴切。举例说明不贴切是在实际演讲中最容易犯的错误。

二、新颖

有些事例，本来很好，但你用过来，我用过去，听众听起来也就乏味了，觉得你的演讲也不过如此。有人一讲"潜心钻研"就举居里夫人在实验室的事；讲顽强拼搏，就举海伦·凯勒；讲贵在坚持，就举马克思把大英图书馆的地板磨出一道沟，似乎大千世界就这么几个例子可举。这种"炒剩饭"式的举例，恰好暴露出了演讲者的弱点：知识贫乏，思维迟钝。其实，只要真正留心，现实中和历史中生动感人的事例何止千万。

三、典型

典型事例与一般事例不同。一般也能说明问题，但毕竟"一般"不可能最有说服力，更不会引起强烈反响，留下深刻的印象。而典型事例则是最生动、最有说服力的。事例一出口，道理就昭然若揭。这种事例，源于生活，能深刻反映生活本质和深层的生活哲理。但这种事例往往被一些貌似平凡的表面现象所掩盖，非潜心发掘不可。

四、具体

举例是为了证明观点，要想观点明确，就必须使例子生动、形象，具有说服力。因此，在演讲举例时，不仅要典型，而且要具体生动。要想具体生动，必须有一定的典型细节描绘。

五、有趣

演讲，是为了影响人。首先必须吸引人，才能影响人。教学要讲究"寓教于乐"，也有人说过"兴趣是最好的老师"。这样既营造了一个轻松愉快的氛围，又是听众感兴趣的事。这样就很容易让人接受你的观点。

利用不同的演讲风格来达成不同的现场感

一、激昂型演讲

这种演讲风格就如同字面上的意思一样，是一种充满了激情、豪放、爽朗、干脆、刚健的演讲。激昂型的演讲要求具有真情实感，案例丰富，具有极强的说服力，并不能单纯地认为，激昂就是大吼大叫。

在演讲过程中，演讲者的情绪一直处于一种亢奋的状况。这样的演讲，为了能够产生慷慨激昂的演讲效果，在写作演讲稿的过程中，经常要加入非常多引人入胜的情景描述成分，营造出一种神秘、紧迫的氛围。这样的演讲稿，一般会大量地运用比喻、设问和反问等修辞手法，通过这样的描写来加强语气，使演讲稿语言简洁明了，表达通俗易懂。同时，在演讲稿中经常会用大量的排比句，这是因为排比的句子在朗读的过程中读音是逐步加重的，这样就能够起到一个语气逐渐加强的感觉，使得演讲者的音域宽广，音色洪亮，能够使会场的气氛异常活跃，演讲者必然能听到听众或是鼓掌喝彩，或是捧腹大笑或是痛哭流涕。

激昂型的演讲稿是通过演讲稿中的每一个字来表现演讲者的思想感情，并将这些思想感情施加到听众的感情上，通过演讲的过程加强观众的认知。

作为一名演讲者在写作演讲稿时，如果想将演讲稿写成这种激昂型，首先要确定自己的演讲主题是否符合这种类型的要求。如果演讲者要做的是一个未受人注意的新观点的演讲或者是具有鼓动性和号召性社会政治演讲，那么这种具有强烈感染力和鼓动性的演讲稿类型是十分合适的。但是如果演讲者在一个社交的场合做一场平和的或是娱乐的演讲时，用这种类型的演讲稿，无疑就贻笑大方了。

二、严谨型演讲

这种演讲风格的总特征是：理智、精深、执着、质朴和稳定。一般来说，这类演讲崇尚实事求是、朴实无华，它所刻意追求的是用命题本身去激发听众的思想，是通过对命题的充分论述去说明某个道理。因此，在主题方面，它要求尽可能排除主观性，使演讲者对待主题的态度具有客观性，至少要隐蔽到近乎毫无所察的"旁观者"的地步；在选材方面，它的形象材料往往少到最低限度，没有多余的情景描述；在结构方面，着力于对论点进行论证和分析，使其严谨无隙、相互贯通；在语言方面，它讲究工整、鲜明和准确，不可雕琢和粉饰；在声音方面，它的语流比较平稳，没有太大的起伏；在体势方面，它的手势动作用得不多，连演讲者的站立姿势和位置都比较稳定。这就是严谨型的演讲风格。

很明显，最具有这种风格特点的，当首推学术演讲和课堂演讲。例如，杨振宁的《读书教学四十年》；我国著名学者和演讲家梁启超先生曾应邀在南京等地做了20余次学术演讲，这些演讲充分地表现出了严谨的特色。在法庭诉讼演讲中，这类风格的演讲也是不乏其例的，如古巴卡斯特罗的名篇《历史将宣判我无罪》。我们还注意到，在庄严、隆重的集会上，在某些极为特殊的场合，不少演讲也都是这种风格的典范，如华盛顿的《告别词》、林肯的《在葛底斯堡国家烈士公墓落成仪式上的演说》等。

必须指出的是，诉诸理性的严谨型演讲，并不是说它不需要或者毫无感情色彩，而是说它们更注重对听众理智的征服；也并不是说它们全然不作加工和修饰，而是说它们很少显示出粉饰的痕迹。也许正是这一缘故，才使得这种演讲具有很高的审美价值和巨大的社会作用。事实证明，虽然它在短期内对听众的影响不如激昂型演讲那样强烈，但却比后者持久得多、稳定得多、深刻得多。

当然，这种风格的魅力是有条件的。如前所述，对于具有较高智力水平的听众来说，诉诸理性的演讲比诉诸感情的演讲所能产生的影响确实要深刻得多、有力得多。但是，这类演讲能否产生应有的正效应，除取决于演讲者的演讲素养外，显然还取决于听讲者的内在条件。

三、活泼型演讲

轻松、亲切、生动、幽默、灵活和多变，是这种演讲风格的总特征。在具体的演讲实践中，这些总特征既表现在内容的诸要素上，又表现在形式的诸要素上。比如说，在选题上，多是讲一些别开生面的小题目，特别是一些角度新、与现实联系紧密的题目；在题材上，多选用古今中外某些新鲜有趣的材料，喜欢大量引用名言警句、逸闻逸事、典故史实；在结构上，貌似臃肿杂乱，实则是形散而神聚；在语言上，善于运用各种修辞手法，采用一些富有表现力的词语和多变的句式，口语化色彩很浓。此外，这类风格的演讲也很注重表情、神态和手势，讲究声音的轻重缓急和抑扬顿挫；喜欢用提纲式和即兴式演讲与听众交流；会场气氛轻松活跃，听众常常会发出笑声并鼓掌。一句话，它既讲内容的厚重，又求形式的多彩。

不言而喻，活泼型演讲同样有着独特的魅力。但是，它也很容易引导人们走上另一个极端，即刻意追求演讲的戏剧性效果，因而一旦处理不妥，即使是最出色的演讲家，也会成为人们的笑柄。有许多事实证明，俄国著名演讲家普列汉诺夫也是擅长活泼型演讲的高手，然而随着时间的推移，他后期的不少演讲表演化倾向越来越明显，常常"带有做作的热情与戏剧式的姿态"。

因此，发表这类演讲，文学性和戏剧性一定要使用得适可而止，尤其要防止过分幽默。如果都是夸饰的言辞、栩栩如生的形象、引人入胜的情节、朗诵般的腔调和表演化的姿态，就会使演讲喧宾夺主，以辞害意；如果节外生枝，随意穿插与主题无关的笑料，就会破坏演讲主题的严肃性，进而破坏演讲的效果。这些都是演讲者应该特别注意的。

四、深沉型演讲

深沉型风格的总特征可以概括为恳切、凝重、深邃、含蓄和柔和。说它恳切，是指演讲者的态度一般都比较诚恳，有实事求是之意，无哗众取宠之心；说它凝重，是指演讲的内容通常都比较严肃，有相当的分量；说它深邃，是指演讲的思想一般都比较深刻，有相当的力度；说它含蓄，是指演讲的感情不尚外露，看似风平浪静，实为倒海翻江；说它柔和，一是指演讲的音调较为低沉，节奏也较缓慢，力度对比不太强烈；二是指演讲的体态动作用得较少而且轻缓，主要依靠面部表情。由此看来，这种风格既明显地区别于激昂型演讲，也明显地不同于活泼型；在某些特征尤其是某些形式特征上，虽然它和严谨型演讲有一定的相似之处，但从这些特征表现出来的强弱程度来看，从这两种风格总的色彩、总的面貌和总的状态来看，两者还是有很大的差异，基于这一事实，把深沉作为一种相对独立的典型的演讲风格，应该说是合情的、必要的。

其实，在某些政治外交演讲中，在某些意在说服教育听众的训导演讲中，尤其是在悼念演讲和告别演讲中，这种风格不仅大量存在，而且以它特有的魅力显示出了很高的审美价值和强有力的感染力。林肯的《告别演说》和恩格斯著名的《在马克思墓前的讲话》，就是这种风格的典型代表。

不过，在发表这类演讲时，应该引起特别注意的是，平柔不同于平淡，也不同于柔弱。平淡是内容的贫乏，是形式的枯燥，它不是心灵的强烈震动和对表现技巧的积极追求；柔弱是内容的浅薄和脆弱，是形式的苍白和软弱，它不是理智的高度升华和对表现艺术的刻意创造。作为一种审美追求，平柔是外柔的美，内刚的美，两者有机统一的美，是一种有特定适用范围的演讲风格。因此，我们不能把它等同于平淡和柔弱。否则，这种演讲就将成为听众的沉重负担，其风格也就失去了应有的光彩。

消除紧张，留住自然

一、消除紧张情绪

在演讲训练过程中，必须处处留意自己，使自己"像一个无忧无虑的小孩那样无拘无束地表现自己"。做到说话自然，热情而不矫揉造作，平和易懂而又不呆板。为了使训练效果更佳，你应该想象自己是身临其境，面对听众。只有坚持做这样的练习，你才能消除演讲时的紧张，到最后演讲时，你便可做到"被人偷袭也能立刻还击"，而且自然得近乎"反射性"地说话。

二、秉持本色

世界上从来没有两个完全相同的人。每个人都有其各自独特的个性，这种个性使你与其他人不同，也是你赖以生存的条件。

说话也是这样。当你面对听众时，你应该尽量表现自己独特的个性。一个富有健康个性的说者，才会受到听众的欢迎。

建立自信的技巧

恐惧是许多人不能较好地进行演讲的主要心理障碍，那么，如何搬掉这一"绊脚石"，充满自信地走上讲台，使我们的演讲才能充分显示出来呢？这就是建立自信的技巧问题，你不妨试用以下方法：

一、自我鼓励法

演讲者首先要对自己的演讲充满信心，在精神上鼓励自己成功。演讲者可用如下语言反复鼓励自己，如"我的演讲题材很有吸引力，听众一定会喜欢""我的口才很好，我一定会成功""我准备得很充分了"等。

二、要点记忆法

初学演讲者往往把能够背诵演讲稿认为是充分的准备。熟读记忆，对于初学演讲者来说可能是一种必要的准备手段，但如果只是机械记忆，那么不仅会耗费演讲者大量时间，而且容易形成演讲者的心理疏忽。

在演讲中，以采用提纲要点记忆法为宜。首先，就有关演讲的主题、论点、事例和数据整理成翻阅方便的卡片，然后针对演讲稿进行比较和适当的补充，整理出一份简略的提纲，并在提纲里注明各段的小标题，最后在各段的小标题下按序补充重要的概念、定义、人名、地名、数据和关键性词语。

至此，一份演讲提纲即算基本完成。在整理和编排的过程中，演讲者应反复思考和熟悉自己的演讲内容，而演讲时仅仅需要将该演讲提纲作为提示记忆的依据即可。

三、试讲练习法

试讲练习可纠正语音，矫正口型，锻炼遣词造句能力，又可训练形体语言。演讲者可以自选一个演讲题，或模仿名家的演讲，在静僻处独自练习。著名演讲家，美国第十六任总统林肯，年轻时代经常独自一人对着森林或空旷的原野模仿律师、传教士演讲，并反复练习。

四、情绪调节法

适度的深呼吸有助于调节紧张、烦闷和焦躁等情绪。当演讲者在临场时出现怯场反应，可以运用深呼吸法进行调节，即使全身放松，双眼望着远方，做绵长的腹式深呼吸，同时，随呼吸节奏心中默数1，2，3…

五、目光回避法

刚学演讲的人往往害怕与听众进行眼神交流。因为一看到听众的眼神于自己不利，就会心慌意乱，而无法继续演讲下去。于是出现了侧身、仰望、低头等影响演讲效果的不正确姿势。因为演讲要求演讲者正视听众，这既是出于一种礼貌，又是演讲者与听众全方位交流的需要。拉近演讲者与听众的距离，是演讲成功的必备条件。刚学演讲的人不妨采用虚视方式处理自己的目光，将视线移至演讲场后排上方，以回避听众的目光，让目光在会场上方缓缓流动。这种方式既能避免演讲者与听众目光对视所产生的局促和窘迫，又能给听众留下演讲者稳重大方的印象，使演讲获得成功。

沟通的艺术，让听众跟着你的思维走

研究听众的需求

演讲是讲给听众们听的，是反映人们的心声、愿望的一种推动时代发展的活动，所以作为一名演讲者应该懂得人们想了解什么，想知道什么，不能闭门造车，不问世事，不了解群众。演讲的内容只有贴近生活，贴近人们的需要、需求，才能打动听众的心。

有一个著名的例子，曹操在一次行军时，走到了一个荒芜缺水的地方，将士们因为干渴而士气低落，这时曹操就说前面有一片杨梅林子，里面的杨梅又酸又甜，水分丰富。兵士们因为想到了杨梅的酸甜而大量地分泌了唾液，这样就不觉得干渴了，这样这支部队才成功地走出了这片地区。

这就是望梅止渴这个成语的来历，这就是因为曹操了解人们的需求是什么而做出的决定。

爱国主义教育是时代的主题，是一个古老而永恒的主题。不管是工厂企业、学校、政府机关都要定期进行爱国主义教育。

在进行有关爱国主义的演讲时，如果我们只是单纯地喊口号，就显得不务实际，变成了唱高调、不求实效的空洞的说教。这样的演讲容易使人们产生厌烦情绪，这样就很难起到教育的作用。但是如果我们邀请一些参与过某些战役或者有一定影响的人来进行演讲，由他们来以自己的亲身经历道出一个人是如何爱国的，紧紧围绕爱国这个主题，阐明祖国、事业、人生的关系，这样就能够深深地感染听众，由这些德高望重的人们来传达爱国主义思想，就能够达到宣传爱国主义的目的。

作为一名演讲者，怎样才能了解听众的需求呢？这首先要求演讲者了解我们当今社会的特点和需求，同时不要把自己当成高高在上的发言者，而是要把自己当成一个听众，设身处地地想想，听众有什么需求，演讲者应该以朋友和对话者的身份，提出听众想要提出的问题，然后给出自己对这个问题的看法与解决它们的办法。只有这样才能使听众觉得演讲者是在和他们讨论一个问题，而不是在发号施令。

分析听众的心理

所谓的分析听众的心理，是一个演讲者的最基本的工作。我们分析听众的心理，并不是为了迎合观众，而是为了了解听众，贴近听众，是为了保持演讲的真实性、独立性，以及演讲的公正性。

之所以这么说，是因为观众来听演讲者演讲，首要的目的是从演讲中得到心灵的安慰。这也就是我们说的"好的演讲能给予人们心灵的共鸣"。

演讲者通过语言来安抚听众的情绪。所以，作为一个演讲者，通过分析听众的心理，在准备材料时多寻找些能够符合听众心理的材料。

　　分析听众的心理的另一个重要的作用，在于通过选择听众喜欢的材料来引起他们的兴趣。

　　想要诱导人们听取演讲，先得给对方一点小胜利；引导对方做一件很重大的事情时，就得给对方一个强烈的刺激，使之对此事抱有成功的希望。因为当他被一种成功的意识支配着，他就会为可能到来的美好结果而去不断尝试。

　　人们在这个世界上，大部分时间是在思考自己，我们会思考我们的生活、工作、学习和家庭。同时我们还会幻想，幻想我们的未来，或者产生一些奇异的梦。

　　那么对于这样的人，我们在进行演讲时只要选择和自身发展等相关的方向，就能够引起他心灵的共鸣。一旦听众产生了与演讲者共鸣的感受，可以说演讲已经有了一个成功的开篇。

　　曾经有一个青年，向一个大文学家说："我需要活着。"但是这位文学家却回答他："我看不出你有活着的必要。"

　　这位文学家说这样的话，并不是希望这位青年人去死，只是青年人的话无法感动文学家的心灵，文学家感觉不到青年话中的活力。

　　这个实例说明，一个演讲者，或许他脑子里有许多精妙的题材，有优秀的演讲稿，他设计了生动形象的现场表现方案。然而他每次讲起话来却是死板而缺乏生气，就像是背稿一样，这样的演讲稿甚至都不能感动演讲者自己，又怎么能感染听众呢？

　　这种现象出现的原因就在于演讲者不够了解听众的喜好，不能用脑中的题材，结合听众的需求表达出来。他缺乏一种精神活力，他对于自己所要讲的话，总觉得好像没有说的必要。这样他的演讲无法感动自己，更无法感动听众。

所以，华丽的辞藻仅能耀人眼目，对于演讲者而言，却不能感动人心，需要把自己的活力爆发出来，将自己的情感投入演讲当中。演说必须伴以热忱和真诚。

当一个演讲者发现听他演讲的听众们总是昏昏欲睡时，首先他要检讨一下自己的演讲是不是没有打动人心的力量，这时就要像许多著名的演说家那样，学会在台上刺激一下听众。

这种刺激可以通过语言、动作、神态等多种手段来实现。

拉近和听众的关系

听众的心理是变化多端、复杂多样的，通过拉近和听众的关系，可以放松听众在遇到陌生人时本能的防备心理，使得听众能够在心情放松的情况下听演讲者的演讲。同时，在演讲者和听众在某个问题上存在分歧时，套近乎可以帮助演讲者安抚听众的情绪，使得听众能够平心静气地听演讲者的讲解。

最常见的方式一般在演讲开始时就可以进行。例如：

各位朋友：我是翻山越岭，历经千难万险才来到这里为大家来进行演讲的，虽然辛苦，但是我一点都不后悔，因为到这里我就发现，这里是山美，水美，人更美，在座的每一个人都非常热情，你们都是我的亲人啊。

短短几句话，一下子牢牢地吸引了听众的注意力，使听众的心里暖和和的，赢得了全场热烈掌声。当然，拉近彼此的关系并不是一味讲赞美的话，光说好听的。否则，会给人哗众取宠、油嘴滑舌之嫌。拉近关系应该有感而发，做到以情托声，声中有情。

运用心理控制调动听众情绪。前面讲到演讲首先必须了解听众的心理需求，但当进入演讲过程中，就更应该注意心理控制及听众情绪的调动。只有当演讲者做好了心理控制和听众情绪的调动工作，才能使演讲者与听众心心相通，达到演讲的最佳效果。"套近乎"的方法，是一种非常好用的拉近和听众距离的方式，但是这样的方式并不能每次都用一套方案，要根据不同听众的社会阅历、兴趣爱好、思想感情等方面的特点，结合自己的实际，给观众描述一段与听众相似的生活经历或在学习工作上相同或相似的事例，有时也可以将自己的内心烦恼、趣事展现给听众。

征服听众的方法

有时候演讲有其非常明确的功利目的：演讲需要"征服听众"，让他们的心随着演讲者的思考而思考，让他们的行动跟随演讲者的脚步。

这种"征服"的效果，不能通过混淆视听、欺骗蒙蔽的手段来达到目的，而要靠真情实感来感染听众。

古往今来，"尊重"都是"征服公众"的一个重要条件。自尊心与安全感是人的共性。要征服一个人首先要尊敬这个人，这是征服听众的必要条件。演讲者登上演讲台之后，他的一举一动都一览无余地展现在了听众面前，每一个下意识的动作都会影响到听众的感受和对演讲者的评价。所以只要演讲者怀有一丝一毫的骄傲，就会在演讲台上被无限放大。因此应谦虚谨慎地向听众表示你的诚意。这样，听众才不会小看你；相反，还会认为你是一位诚实坦白、值得信赖之人，你的演讲即能在一种融洽的氛围中进行并取得成功。

孔子是中国著名的思想家、文学家，是儒家的代表，但他从未以他渊博的知识向别人炫耀，他总是以包容一切的博爱精神来感化别人、教化世人。作为演讲者，必须懂得这个简单的道理，并采取相应的措施。

如何找到合适的事例

作为一名演讲者，怎样才能寻找到合适的事例，使自己的演讲不会显得干巴巴的呢？

我像你们这么大的时候，却没有在大学好好读书，所以才被开除……

从自己的生活背景中寻找主题。一般和家庭、幼年及学校生活相关的话题，是每个人都经历过的生活，容易引起共鸣。

自己的一些特殊的经历也能够成为演讲的话题，同样能够达到吸引听众的目的。

当然，演讲者也可以谈自己个人的兴趣和爱好，这样能引起听众的好奇心，并能够引起听众的共鸣。

其次，要征服听众，就应有卓越的演讲才能。所谓演讲才能，就是一个演讲者的口才和语言能力。这是通过长期的锻炼和学习来实现的。作为一名演讲者，可以从这几个方面来加强自己的语言魅力：有新颖奇特的观点；所有论述都是真情实感；有的放矢，尊重事实；思维清楚，加强语言的逻辑性；合理地安排演讲的布局；运用多种修辞来加强影响力；保持语言生动形象，有活力；语言简洁有力；声情并茂，感人至深。

如果你能较好地掌握这些要求，那么就有了征服听众的较大把握。同时还要注意环境、音响、时间等因素的作用。

选择亲身经历过的事情作为话题

对于人们来说，自己亲身经历过的事情说起来总会比较得心应手，一个人说得最生动、激昂、富有吸引力的，必定是自己最熟悉、最了解、最清楚的事物。

而作为听众最为关心的是与其生活息息相关的现实问题，是他们在生活中能够见到、听到的熟悉的事情，空泛的理论是无法吸引他们的注意力的，所以有真情实感的演讲总是比单靠从书本、报纸、杂志上东拼西凑的东西要感人。

每个人的生活和经历都不尽相同，以个人的生活经验为话题展开演讲，演讲者往往以个人生活中的小事为例子，这样的小事往往是神秘、特殊而隐秘的，带有鲜明的个性，很少能和其他人相重复，同时可以满足人们的好奇心。

●演讲与口才知识

吸引听众关注内容的技巧

听众的注意力是有限的，无论演讲者怎样努力，总会遇到听众注意力不集中的情况，在这种情况下，演讲者就需要想一些办法把听众的注意力吸引回来，否则就会导致演讲的失败，会场秩序的混乱。

一、声东击西

所谓声东击西，兵法原文是这样写的："凡战，所谓声者，张虚声也。声东击西，声彼而击此，使敌人不知其所备。则我所攻者，乃敌人所不守也。"它的意思是：凡是作战，所谓声，就是虚张声势。在东边造声势而袭击的目标是西面，声在彼处而袭击此处，让敌人不知道如何来防备。这样我所攻击的地方，正是敌人没有防备的地方。

声东击西，是忽东忽西，即打即离，也是一种演讲方式。如果我们发现听众对于演讲的内容出现了疲劳和厌倦，采用正攻的方法是无法取得预期效果的，而采取佯攻，突然说些表面上和演讲没有太大关系的内容，反而能够引起听众的好奇心。

因此，在同听众的接触中，不要太急于暴露自己的意图，尽量将对方的注意力转移到他所感兴趣的地方，使对方逐渐对你产生信任感，从而建立起良好的关系，此时演讲才能取得良好的效果。

二、投石问路

当演讲者不确定某个论点是否能吸引观众时就可采用这种方式。

有时，为了了解对方心中的秘密，又不便直问，可以用"投石问路"的曲问法进行试探。对于一些敏感的人来说，问者便显得谨慎。投石问路法也被广泛运用于审讯之中。

尊敬的 Bok 校长、Rudenstine 前校长、即将上任的 Faust 校长、哈佛集团的各位成员、监管理事会的各位理事、各位老师、各位家长、各位同学：

有一句话我等了 30 年，现在终于可以说了："老爸，我总是跟你说，我会回来拿到我的学位的！"

我要感谢哈佛大学在这个时候给我这个荣誉。明年，我就要换工作了……我终于可以在简历上写我有一个本科学位，这真是不错啊。

我为今天在座的各位同学感到高兴，你们拿到学位可比我简单多了。哈佛的校报称我是"哈佛大学历史上最成功的辍学生"，我想这大概使我有资格代表我这一类学生发言……在所有的失败者里，我做得最好。

但是，我还要提醒大家，我使得斯特夫·鲍尔莫（Steve Ballmer）也从哈佛商学院退学了。因此，我是个有着恶劣影响力的人，这就是为什么我被邀请来在你们的毕业典礼上演讲。如果我在你们入学欢迎仪式上演讲，那么能够坚持到今天在这里毕业的人也许会少得多吧？

这是比尔·盖茨在哈佛大学 2001 年毕业典礼上所做的演讲的开篇，我们都知道比尔·盖茨，1973 年进入哈佛大学，大三时辍学，与同窗保罗·艾伦一起创办了微软公司，成为世界巨富。但是这都不能改变他没有大学毕业的事实，他采取这种方式开始演讲，一方面可以缓解气氛，另一方面可以试探听众对他的态度，可谓一举两得。

三、欲正故谬

当演讲者发现听众走神时，可以故意将一些简单的问题说错，这样不但能吸引没有走神的听众们的互动，同时能将走神的听众的注意力吸引回来，还能够缓解演讲现场的气氛。

四、欲实先虚

所谓欲实先虚，是演讲者为了让对方顺着自己的意愿来展开话题而设下的一个圈套。这是因为平铺直叙地将道理讲述出来，有时无法打动听众的心，不能吸引听众的注意力。在这种时候，由演讲者先虚设一问，这一问乍一看与演讲内容毫无关系，或者让对方摸不清虚实，当对方给出答案后，这种答案其实正是演讲者想要的，这时演讲者就可以抓住对方的话柄，以此为契机，得出想要的结论。这时，听众也就无法否认自己刚才说过的话了，这样也就无法否认演讲者的结论了。通过这样的小圈套来达到演讲的目的。

历史上墨子给楚惠王讲过这样一个故事，他说："有这样一个人，他自己家有非常珍贵的宝物，但是他却觉得这些都没什么，反而特别喜欢邻居家的破烂的物品。"墨子问楚惠王："你觉得这是个怎么样的人啊？"楚惠王觉得好笑，他觉得这个人大概是有病，还是喜欢偷东西的病，这是一个不识货的笨蛋。楚惠王的答案正中了墨子的下怀，墨子接着问，楚国是不是一个物产丰富、土地肥沃的强大的国家？楚惠王当然回答是的。接着墨子又说到了宋国，他认为宋国是一个地域窄小，物产贫乏，弱小的国家，楚惠王当然不会夸奖其他国家，所以他又回答是的。

至此，墨子好像问了三个毫不相干的问题，这就使得楚惠王十分好奇，而他的这些答案和他好奇的心理，就是墨子问这些问题的目的。最后墨子问道，如果大王守着强大的楚国，而去攻击弱小的宋国，这样的行为是不是和之前的那个人一样呢？

这时楚惠王才知道自己中了墨子的圈套，但是此时已是无能为力了，只能回答他"是的"。这样，墨子就通过几个简短的故事，化解了宋国的危机。

使你的演讲具有兴奋点

所谓的兴奋点，就是最能够吸引听众注意力的关键点，这是一个演讲的亮点所在，也是一个演讲者成功与否的重要因素。

最常见的话题有以下几个：

一、满足求知欲的话题

陌生的知识领域或神秘不可及的事物总是能引起人们的求知欲，使人们兴起探索的欲望，对于不知道的东西，想要弄清楚其工作原理，这是人们的本能，针对这种奇闻逸事展开话题可以大大地吸引听众的注意力。

二、刺激好奇心的话题

西方有句俗语：Curiosity killed the cat（好奇心害死猫）。西方传说猫有九条命，怎么都不会死去，而最后恰恰是死于自己的好奇心，可见好奇心有时是多么可怕！

可见好奇心是每个活着的生物都具备的特征。演讲者可以利用每个人都有好奇心，通过各类趣闻、名人逸事、突发事件、科学幻想、传奇经历等内容，来激发听众的好奇心。

三、与听众利益密切相关的话题

在很多单位都会有这样一种现象，公司的一些大的发展方向或者整体规划往往不能得到每个员工的重视。相反，每个小的细节，如年终奖金的评定方法、午餐的标准等，这样的事情反而能赢得大部分人的关注，这是因为群众最关心的无非就是涉及自己切身利益的事情。所以，综观各类演讲，一旦关系到吃、穿、住、行、生活琐事的都会非常受欢迎。所以高明的演讲者常常能将要演讲的问题和人们生活中的实际利益结合到一起，如在讲解全球变暖，号召大家爱护环境时，可以不用空洞的说明，而是根据现实生活中的实际情况来说明：夏天气温越来越闷热等。

四、有关信仰和理想的话题

在物质生活越来越丰富的今天，人们对于理想和信仰的追求也越来越明确，没有探索、没有理想的人几乎是没有的。古今中外，人们都在为信仰和理想而不停地奋斗着。

因此，有关这方面的话题能够被大多数的群众所接受，尤其是青年听众，他们正是人生观、价值观形成的时期，关于信仰和理想的演讲对于他们具有良好的启迪。同时也要注意演讲的内容必须要有针对性、现实性，符合现实生活，符合时代的需求，只有这样才能达到励志的目的。

预设控场技巧，及时救场不让局面失控

主动调侃自己

当我们与别人交往时，由于我们的过失，造成谈话中间出现了难堪，这时我们不要责备他人，而是找找自己的责任，采用自我调侃的方式低调退出吧！

当我们由于自己的原因，造成尴尬时，最好的办法就是：不要死要面子活受罪，可以采用自我调侃的办法，来得真诚一点，表达自己真诚的歉意，而对方也不会喋喋不休地责备我们；相反，还会因为我们的真诚，一笑置之。

然而，当由于他人甚至恶意使你陷入窘境时，逃避嘲笑并非良方，而你殚精竭虑地力图反击，很可能会遭到对手更多的嘲讽，不如来个180度大转变的超脱。这种超脱既能使自己摆脱狭隘的自尊心理束缚，又能使凶悍的对手"心软"下来。

当然，大多数人制造尴尬不是恶意的，而是出于不小心，这时候，如果你过分掩饰自己的失态，反而会弄巧成拙，使自己越发尴尬。而以漫不经心、自我解嘲的口吻说几句取悦人的话，却可以活跃气氛，消除尴尬。

在尴尬的场合，运用自嘲能使自尊心通过自我排解的方式受到保护。而且还能体现出说话者宽广大度的胸怀。

尴尬场合，运用自我调侃可以平添许多风采。当然，自我调侃要避免采取玩世不恭的态度。具有积极因素的自我调侃包含着自嘲者强烈的自尊、自爱。自我调侃实质上是当事人采取的一种貌似消极、实为积极的促使交谈向好的方向转化的手段。

找个化解尴尬的"台阶"

在社交活动中，能适时地为陷入尴尬境地的对方提供一个恰当的"台阶"，使对方免丢面子，算是处世的一大原则，也是为人的一种美德，这不仅能获得对方的好感，而且也有助于自己树立良好的社交形象。否则对方没能下得"台阶"而出了丑，可能会记恨终生。相反，若注意给人"台阶"下，可能会让人感激一生。是让人感激还是让人记恨，关键是自己在"台阶"上的表现。

有的人，不但能尽量避免因自己的不慎而使别人下不了台，而且还会在对方可能不好"下台阶"时，巧妙及时地为其提供一个"台阶"。这是因为他们在帮助别人"下台阶"时，掌握了正确的方法。

一、不露声色搭"台阶"

心理学的研究表明，谁都不愿把自己的错处或隐私在公众面前"曝光"，一旦被曝光，就会感到难堪或恼怒。因此，在交际中，如果不是为了某种特殊需要，一般应尽量避免触及对方所避讳的敏感区，避免使对方当众出丑。必要时可委婉地暗示对方自己已知道他的错处或隐私，便可对他造成一定的压力。但不可过分，只需"点到为止"。

既能使当事者体面地"下台阶"，又尽量不使在场的旁人觉察，这才是最巧妙的"台阶"。有一则报道很能启发人。在广州一著名的大酒家，一位外宾在吃完最后一道茶点后，顺手把精美的景泰蓝食筷悄悄"插入"自己的西装内衣口袋里。服务小姐不露声色地迎上前去，双手擎着一只装有一双景泰蓝食筷的绸面小匣子说："我发现先生在用餐时，对我国的景泰蓝食筷颇有爱不释手之意。非常感谢您对这种精细工艺品的赏识。为了表达我们的感激之情，经餐厅主管批准，我代表酒家，将这双图案最为精美并且经过严格消毒处理的景泰蓝食筷送给您，并按照大酒家的'优惠价格'记在您的账上，您看好吗？"那位外宾当然明白这些话的弦外之音，在表示了谢意之后，说自己多喝了两杯"白兰地"，头脑有点发晕，误将食筷插入内衣口袋里，并且聪明地借此"台阶"，说"既然这种食筷不消毒就不好使用，我就'以旧换新'吧！哈哈哈"。说着取出内衣口袋里的食筷恭敬地放回餐桌上，接过服务小姐给他的小匣，不失风度地向付账处走去。如果服务员想让这位外宾"出洋相"真是太容易了，但她没有那样做，而是委婉地暗示对方的错处。

二、增光添彩设"台阶"

有时遇到意外情况使对方陷入尴尬境地，这时，可以在给对方提供"台阶"的同时，采取某些妥善措施，及时给对方的面子上再增添一些光彩，使对方更加感激不尽。

面对刁难者有妙招

在社交或公众场合，有时我们会遇到别人有意无意地抢白、奚落、挖苦、讥讽，这时该怎么办？"兵来将挡，水来土掩"，你可视不同的对象选择不同的应付办法。

一、以毒攻毒

当对方用恶毒的话攻击你的时候，不妨顺水推舟，借他的话回敬对方。

1914年9月2日英德两方谈判时，德国首相提出："你们是否要为一张废纸（指保证比利时中立的休约）和我们开战？"乔治对于这样的提问没有辩解或回避，而是作了这样的演讲：

在座诸位没有人比我更不情愿、更反感看到我们被卷入一场大战的前景了。在我的政治生涯中，我一直抱着上述的态度。没有人会比我更坚信，我们不可能既避免这场战争的发生，又不使我国荣誉受到损害。我完全清楚，历来一个国家如卷入战争，就必然要乞灵于荣誉这个堂而皇之的名义。

不少罪行都是在荣誉的名义下犯的。现在就有些犯罪活动正在进行。然而，国家的荣誉毕竟是一个客观存在的现实，任何国家无视这个现实，都是注定要灭亡的。为什么这场战争牵涉到我国的荣誉问题？这是因为我们承担着光荣的责任，要保卫一个弱小邻国（指比利时）的独立、自由与领土完整。这国家很弱小，不可能强迫我们这样做。但是如果有人因债权人太穷，无力强迫他还债，便拒绝清偿债务，此人便是一个卑鄙的恶棍。

面对刁难者的方法

面对刁难，有随机应变能力的人，能调动自己的智慧，化被动为主动，使尴尬烟消云散。

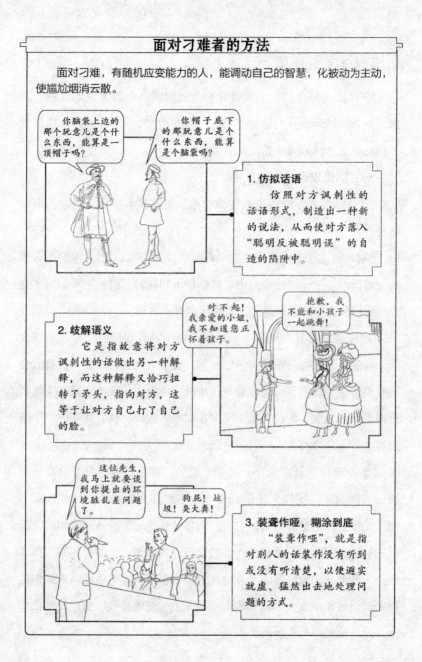

你脑袋上边的那个玩意儿是个什么东西，能算是一顶帽子吗？

你帽子底下的那玩意儿是个什么东西，能算是个脑袋吗？

1. 仿拟话语

仿照对方讽刺性的话语形式，制造出一种新的说法，从而使对方落入"聪明反被聪明误"的自造的陷阱中。

2. 歧解语义

它是指故意将对方讽刺性的话做出另一种解释，而这种解释又恰巧扭转了矛头，指向对方，这等于让对方自己打了自己的脸。

对不起！我亲爱的小姐！我不知道您正怀着孩子。

抱歉，我不能和小孩子一起跳舞！

这位先生，我马上就要谈到你提出的环境脏乱差问题了。

狗屁！垃圾！臭大粪！

3. 装聋作哑，糊涂到底

"装聋作哑"，就是指对别人的话装作没有听到或没有听清楚，以便避实就虚、猛然出击地处理问题的方式。

● 演讲与口才知识

我们郑重地签订过一项保卫比利时的条约，但是在条约上签字的不仅是我们。为什么奥地利和德国不履行条约规定他们应守的义务？有人提出我国引用这项条约纯粹是借口，说我们施诡计、耍手腕，有意掩饰我们对更为文明发达的国家的妒忌心，我们正企图摧毁这个国家。我们对此的回答是我们在1870年的行动。当时我们也曾呼吁法国和普鲁士遵守这项条约。

…………

条约是代表国际政治家信誉的货币。德国商人和世界上任何其他国家的商人一样有着同样诚实正直的名誉。但是如果德国货币贬值到和它的政治家的信誉一样的水平，那么从上海到瓦尔帕莱索，再也没有一个商人会对德国商人的签字看上一眼了。这就是所谓一张废纸的理论。这就是伯恩哈迪公开宣扬的理论：条约只在有利该国时才有其约束力。这关系到一切公共法律的根本问题。这样走下去，就直通野蛮时代了。正如你嫌地球的磁极妨碍了一艘德国巡洋舰，便把它除去一样，各个海洋的航行就会变得危险、困难，甚至不能航行。如果在这次战争中，这种主张占上风，整个文明世界的机制便要土崩瓦解。我们正在同野蛮作战。只有一个办法能扭转这种情况：如果有哪些国家说他们只在条约对他们有利时才守约，我们就不得不使局势变得只有守约才对他们有利。

二、一箭双雕

抓住主要事实或揭露要害，在自己摆脱困境的同时，通过对比指出对方的弱点，置其窘境。

这个政府借口军队打了败仗，便同敌人接触，谋取停战。

我们确实打了败仗，我们已经被敌人陆、空军的机械化部队所困。我们之所以失败，不是因德军的人数众多，而是败于他们的坦克、飞机和作战战略。正是敌人的坦克、飞机和战略使我们的将领们惊慌失措，以致出此下策。

　　但是难道败局已定，胜利已经无望？不，不能这样说！

　　请相信我的话，因为我对自己所说的话完全有把握。我要告诉你们，法兰西并未失败。总有一天我们会用目前战胜我们的同样手段使自己转败为胜的。

　　因为法国并非孤军作战。它并不孤立！绝不孤立！它有一个幅员辽阔的帝国作后盾，它可以同控制着海域并在继续作战的不列颠帝国结成联盟。它和英国一样，可以得到美国雄厚的工业力量源源不断的支援。

　　这次战祸所及，并不限于我们不幸的祖国。战争的胜败亦不取决于法国战场的局势。这是一场世界大战。我们的一切过失、延误以及所受的苦难都不能改变一个事实：世界上拥有一切手段，能够最终粉碎敌人。我们今天虽然败于机械化部队，将来却会依靠更高级的机械化部队夺取胜利。世界命运正系于这种部队。

　　我，戴高乐将军，现在在伦敦发出广播讲话。我吁请目前或将来来到英国国土上的法国官兵，不论是否还持有武器，都和我联系；我吁请具有制造武器技术的技师与技术工人，不论是目前或将来来到英国国土的，都和我联系。

　　无论出现什么情况，我们都不容许法兰西抗战的烽火被扑灭，法兰西抗战烽火也永不会被扑灭。

明天我还要和今天一样在伦敦发表广播讲话。

这是戴高乐 1940 年 6 月 18 日在伦敦英国广播公司发表的演讲。这篇演讲在批判了法国政府的不抵抗政策的同时表示自己一定要坚持战斗，说明法国还是有希望的，这样的演讲给了法国民众希望，而戴高乐从此被法国人称为"六·一八英雄"。

三、巧借比喻

巧借对方比喻中的不雅事物，用与此相克相关的事物作比，针锋相对，给以迎头痛击。

例如，达尔文提出进化论以后，赫胥黎竭力加以支持和宣传，并与宗教势力展开了激烈的论战。教会诅咒他为"达尔文的斗犬"。在伦敦的一次辩论会上，宗教首领见赫胥黎步入会场，便骂道："当心，这只狗又来了！"赫胥黎轻蔑地答道："是啊，盗贼最害怕嗅觉灵敏的猎犬！"

赫胥黎以此作比，巧妙地戳穿了宗教首领的丑恶本质和害怕真理的面目。

当你面对别人恶意的侵犯时，拥有随机应变的语言表达功力非常重要。在防卫中运用优雅、得体的语言把你的智慧和大度发挥得淋漓尽致。

打破尴尬的冷场局面

在日常生活和社会交往中，尤其是在比较正式的场合，如聚会、议事等常会出现冷场现象，彼此都尴尬。冷场，在人际关系中，它无疑是一种"冰块"。打破冷场的技巧，就是及时融化妨碍交往的

"冰块"。

会话出现冷场，双方都会感到尴尬。但只要会话者掌握住了破"冰"之术，及时根据情境设置话题，冷场是很容易被打破的。

一、要学会拓展话题的领域

开始第一句话要注意的是使人人都能了解，人人都能发表看法，由此再探出对方的兴趣和爱好，拓展谈话的领域。如果指着一件雕刻说："真像某某的作品！"或是听见歌唱就说："很有孟德尔颂音乐的风味。"除非知道对方是内行，否则不仅不能讨好，而且会在背后挨骂的。

如果不知道对方的职业，就不可胡乱问他。因为社会上免不了有人会失业，问他的职业无异于迫他自认失业，这对自尊心很重的人来说是不太好的。如果你想开拓谈话的领域而希望知道他的职业，只能用试探他的方法："先生常常去游泳吗？"如果他说："不。"你就可以问他是否很忙，"每天上哪儿消遣最多呢？"接下来探出他是否有固定工作。如果他回答"是"，你便可加上一句问他平时什么时候去游泳，从而判断他有无职业。如果他说是星期天或每天下午5点以后去，那无疑是有固定工作。

确定了别人有工作，才可问他的职业，这样就可以谈他的工作范围内的事情。如果不知对方有没有职业，或确知对方为失业者，那么还是谈别的话题为佳。

二、风趣接话转话题

在谈话中善于抓住对方的话题，机智巧接答，可以使我们谈话变得风趣，从而使谈话氛围活跃起来。有一个典型的例子，当我们

　　●演讲与口才知识

夸奖对方取得的成绩时，总能听到这样的回答："一般情况"的说法。倘若我们不接着话茬儿说下去，就有点赞同对方的"一般情况"说法的意思，达不到接话说的目的。可以这样回答："'一班'情况尚且如此，那'二班'情况就可想而知了。"言外之意是说："你一班的情况才如此的话，我二班的情况就更不值得一提了。"这类搭茬儿，一般是采用谐音、双关的手法，接住对方的话茬儿，作风趣的转答。

巧妙地接答对方的话茬儿，可以把原来的话题引向另一个话题，使谈话转变一个角度继续进行下去。

三、适时地提一些引导性的话题

提出引导性话题，可以给他人留下谈话时间和空间，特别是对于那些不善于当众讲话的人。这些话题可以根据对方的性格特点、兴趣爱好、职业性质等方面来设置。比如，"近来工作顺利吧""听说你最近有件高兴的事，是什么呢""前一阵我见到你的孩子，学习怎么样"。先用这些听起来使对方温暖的话寒暄一下，便于开展谈话。对于那些在公司上班的人，可以探问对其公司的日常规则的看法，像："你们公司，每周都要举行升旗仪式，之后还要做早操，召开例会，你怎么看待？"引导性话题应该注重可谈性和可公开性。对学文科的不宜谈深奥的理科的问题，反之亦然。不宜在公开场合触及个人隐私，或者是背后议论他人等。

如果引导性话题过于敏感，或者超出了对方的兴趣爱好，或者过于深奥，超出了对方的知识结构等原因，对方也许不愿说，也许真的无话可说。提出这类话题，目的是让对方开口讲话，不能让对方讲，还有什么意义呢？

在提一些引导性话题的时候，也要注意方法和策略，不要让对方感到难以回答。比如："你是不是也觉得你们现在的厂长很能干？"人家要说赞同的话，他自己的确也有保留意见；要说不赞同，而你已经认可了，他总不至于在你的面前进行反对吧，何况是说别人的坏话呢？这样的话题，处理得不好，会让自己失去谈话的亲和力，适得其反。再者也不要问些大而空的问题，让人不知从何说起，最好具体点。

此外，在打破冷场时说话还应该注意下面的内容：

如果是由于自己太清高、架子大，使人敬而远之，而造成双方的沉默，在交谈中应该主动、客气及随和一些。

如果是由于自己太自负，盛气凌人，使对方反感，而造成了沉默，则要注意谦虚，多想想自己的短处，适当褒扬对方的长处。

如果是由于自己口若悬河，讲起话来漫无边际、无休无止，而导致了对方的沉默，则要注意自己讲话适可而止，给对方说话的机会，不要让人觉得你是在做单方面的"传教"。

有时装作不懂事的样子，往往可以听取他人更多的意见，这根源于人们的自炫心理。反之，你表现得太聪明，人家即使要讲，也有顾虑，怕比不上你。如果我们用"请教"的语气说话，引起对方的优越感，就会引出滔滔话语。一般人的心理总是喜欢教人，而不喜欢受教于人。

冷场的出现，往往与"话题"有关。"曲高和寡"会导致冷场；"淡而无味"同样会引起冷场。不希望出现冷场的交谈者，应当事先做些准备，使自己有一点"库存话题"，以备不时之需。

当别人打探你的隐私时该怎么说

隐私本是一个人内心深处的不愿被别人知道的东西，但是在人际交往中，有些人总是会有意或无意地触及别人的隐私。不管问的人动机如何，一旦被问的人回答不好，很有可能会产生一些不良的后果。那么当你面对被问及隐私时该怎样回答呢？下面的几种方法不妨一试。

一、答非所问

菲律宾前总统科拉松阿基诺，在出席一次记者招待会时，记者问她有多少件旗袍礼服，科拉松阿基诺不假思索地回答："我所有的旗袍礼服，都是第一流服装设计师奥吉立德罗为我设计的。你知道吗？她经常向我提供最新流行的服装样式。"别人问数量，她却回答是谁设计的，这样回答明显属文不对题，然而，那位记者却知趣不再追问了。

二、似是而非

似是而非的回答往往让那些爱探听隐私的人无功而返，它的奇妙之处就在于听上去你像是在回答对方的问题，但其实并不是对方想要的答案。

三、绕圈子

不给出一个明确的答案，只是原地绕圈，迷惑提问者。例如，听众要是问演讲者"你体重多少"，演讲者可以回答"比去年轻了一点"。也就是回答听众一个暧昧不清的答案。

四、否定问题

著名影星、孙悟空的扮演者六小龄童，在一次记者招待会上，一位记者问他："当初谈恋爱，你和于虹谁追的谁？"六小龄童回答："到底谁追谁，有什么重要？我们都没有想过要'追'对方，因为不是在赛跑，一个在前一个在后，我们是夜色中的两颗星星，彼此对望了几个世纪，向对方眨着眼睛，传递着情意。终于有一天，天旋地转，我们就像磁石的两极碰到一起，吸在一起了。"

六小龄童根本就没有回答对方的问题，而是一开始就否定了对方问题的前提，即认为两人谈恋爱不一定是一方主动追另一方，随后便对两人的爱情作了一个浪漫、精彩的比喻。这样既回答了记者的提问，又没有透露自己的隐私。生活中，有人打听隐私的时候，这不失为一个好办法，从一开始就否定对方的问题，自然也就不用按照他的提问来回答了。

五、直言相告

有时候，对方打听你的隐私时，你可以开门见山，指出对方问话的不当，直言相告地表达自己的不满。

当别人提出不便当众回答的问题时该怎么说

当众回答某些难以回答的问题确实要顶着巨大的心理压力。因为严词拒绝回答问题将有失风度，但照实回答也是不可以的。面对这种难以选择的境地，可以通过下述方法顺利解决。

一、反踢皮球，把难题还给对方

有时提问者的问题一两句话是难以说清楚的。如果顺着这个思

● 演讲与口才知识

路去回答，势必陷入尴尬的境地。这时，可以巧妙地转移话题，反而把难题转移到对方自己头上去了，自己占据了主动地位。

二、暂退一步，换位思考

1956 年，在苏联共产党第二十次代表大会上，赫鲁晓夫作了"秘密报告"，揭露、批评了斯大林肃反扩大化等一系列错误，引起苏联及世界各国的强烈反响。大家议论纷纷。

由于赫鲁晓夫曾经是斯大林非常信任和器重的人，很多苏联人都怀有疑问：既然你早就认识到了斯大林的错误，那么你为什么早先没有提过不同意见？你当时干什么去了？你有没有参加这些错误行动？

有一次，在党的代表大会上，赫鲁晓夫再次批判斯大林的错误。这时，有人从听众席递来一张条子，赫鲁晓夫打开一看，上面写着："那时候你在哪里？"

这是一个不便直接回答的尖锐问题，赫鲁晓夫的脸上很难堪。他不想回答但又不能回避这个问题，更无法隐瞒这个条子，这样会使他更丢面子，让人觉得他没有勇气面对现实。他也知道，许多人有着同样的问题。更何况，这会儿台下成千双眼睛已盯着他手里的那张纸，等着他念出来。

赫鲁晓夫沉思了片刻，拿起条子，通过扩音器大声念了一遍条子上的内容。然后望着台下，大声喊道："谁写的这张条子，请你马上从座位上站起来，走上台。"

没有人站起来，所有的人都吓得心怦怦地跳，不知赫鲁晓夫要干什么。赫鲁晓夫又重复了一遍他的话，请写条子的人站起来。

全场仍死一般的沉寂，大家都等着赫鲁晓夫的爆发。

几分钟过去了，赫鲁晓夫平静地说："好吧，我告诉你，我当时就坐在你现在的那个地方。"

面对当众提出的尖锐问题，赫鲁晓夫不能不讲真话。但是，如果他直接承认"当时我没有胆量批评斯大林"，势必会大大伤了自己面子，也不合一个有权威的领导人的身份。于是赫鲁晓夫巧妙地即席创造出一个场面，借这个众人皆知其含义的场景来婉转、含蓄地隐喻出自己的答案。这种回答既不失自己的威望，也不让听众觉得他在文过饰非。同时赫鲁晓夫营造的这个场景还让所有在场者感到他非常幽默，平易近人。

当不便回答的问题被提出时，往往是双方都觉得对方的言行不合适，这时，如果采取退一步思考问题的策略，把角色"互换"一下，就能够很顺利地继续交谈下去。

下篇
xiapian

你 一定用得上的
口才知识

ni yidingyongdeshangde
koucaizhishi

作为一名演讲者，不但要有良好的语言表达能力，同样需要注意自己的仪表和风度。

第七章
Diqizhang

不要让这些说话的误区害了你

沉默不见得永远是金

我们常常说："沉默是金。"大部分人都认为，有些事情只要你心里知道就行了，没有必要把它们说出来。说出来有什么好处呢？人们可能说你爱表现自己，没有谦虚、谨慎的优秀品德。

沉默是金吗？这个问题不好回答，因为说话是一门大学问——有时候你想说却不能说；有时候你想说却不该说；有时候你想说却不会说；有时候你想说却不用说；还有些时候，你需要说却不愿说。古希腊有人把寓言比作怪物，它可以用美好的词语来赞美你，也可以用最恶毒的方式攻击你；它能把蚂蚁说成大象，也可以把大象说成蚂蚁。

一个新员工陪同公司的一位经理去参加一次业务谈判。在谈判的过程中，这位新员工为了表示对经理的尊重，自始至终未发一言。谈判结束后，新员工马上就被辞退了。这位新员工可能到最后都不明白自己为什么会被辞退。

还有一个类似的例子，也是一个员工和他的上司一起去参加一次谈判。这位员工发现了一个很重要的问题，他不知道这个问题是上司还没来得及讲，还是上司觉得没有必要说出来。他很想问上司到底是怎么回事，因为这个问题可能会使公司损失上百万元。最后，当他发现谈判可能快要结束的时候，他终于决定提醒上司。但是很遗憾，由于种种原因，直到上司和对方签订了合同，他还是没有把这个问题提出来。这次的"沉默"使公司损失了上百万元。

沉默也要分场合

很多人不愿意说话，就选择沉默，认为只要不说话就不会犯错，也不会带来不利的影响。其实，沉默也要分场合。

咱认识这么多年了，你还是这么不爱说话。

当你和熟悉你的朋友在一起的时候，你可以选择不说话，因为即使你不说话，对方也有可能知道你在想什么。

很高兴认识你们，我想说说我的一些想法……

但是如果你和你不太熟悉你的人在一起，你不说出你的意见和观点，有谁知道你心里是怎么想的呢？

所以，需要表达自己的时候就不应该再沉默，而是勇敢说出自己的想法，要学会表达自己。

沉默往往是那些自以为别人已经了解自己内心想法的人做的事情。他们认为，自己已经做了种种暗示，也看到了对方似乎明白他们的意思，因此不必把话说出来。但事实是，每个人最关心的都是自己，如果不是特别敏感或者对对方特别熟悉的人，别人不会对他人进行深入细致的观察，从而从他人的表情或别的细微动作中判断出他的心理。况且，即使他们猜到了，他们也会对此抱有疑问，因为他们的猜测并没有得到证实。

说话有那么麻烦吗？说话比其他事情更让人们犯难吗？

实际上，懂得说话是一个现代人必须具备的本领。在现在这个时代，探讨学问、接洽业务、传授技艺，还有交际应酬、传递信息等都离不开说话。一个人如果会说话，不仅能把自己的意见完整地表达出来，还能在某种程度上直接体现自身的能力。而你如果不说话，会达到这样的效果吗？

沉默往往导致你没有办法得到这种认可，从而也阻止了你成功的步伐。有些人不喜欢说话，完全是出于自卑心理，或者因为某种因素而不屑开口说话。把话说出来是很重要的一步，无论你表达了什么样的观点。而与人的交流是人进步的阶梯，为了不做"沉默的智者"，你甚至可以做"说话的矮子"，以后，你会变成一个会说话的智者的。

马雅可夫斯基说过："语言是人的力量的统帅。"语言表达在社会生活和人际交往中有十分重要的地位。美国诗人佛罗斯特从说话的角度，把一般人分成两类：一类是满腹经纶却说不出话来的人，另一类是胸无点墨却滔滔不绝的人。他的认识十分深刻，我们在生活中可以看到知识丰富却不善言辞的人，也经常有不学无术的人废话连篇。

可能还有另外一种情况，那就是你应该说"不"的时候却选择了沉默。玛丽和约翰以及他们的很多同事被邀请参加一个由著名演讲者参加的宴会。玛丽高高兴兴地参加了。在宴会上，公司的人一起买了许多食物，但是玛丽一点都不饿，她只吃了一个烤土豆，而别的同事一般都吃了好几道菜。葡萄酒和香槟可以随便喝，她也没有喝一口。宴会结束后，大家决定平摊费用。于是，玛丽为了一个烤土豆花了70美元。

第二天，玛丽抱怨这件事情太不公平了。但是她没有想这种不公平是谁造成的。是她的同事们吗？不是。真正的原因在于她自己附和了他们的决定，保持了沉默。

同样参加宴会的约翰，在面对这样的情况时，对同事们说：

"我不想跟大家平摊，因为我总共才喝了一杯饮料。我愿意为这杯饮料买单，即使稍微高一点也可以。我愿意付20美元。"

一开始，大家都觉得十分尴尬，因为这好像有点抠门。但是过了一会儿之后人们发现，对约翰来说，只有这样才是公平的。他并没有受到同事的指责。

你是不是也遇到过这样的情况呢？当你被邀请参加一个聚会，虽然你事先已经决定去图书馆，可还是不得不停止读书的计划，只因为你保持了沉默。而另外某天，同事让你第二天帮她买一张车票，因为她听说你住得离车站比较近——而实际情况并非如此——她以为你只要花几分钟就能买到，于是你答应了，但后来你发现必须为此请一天假。这种的时候，你为什么还要保持沉默呢？

所以，需要你讲话的时候，千万不要保持沉默。

随声附和最没特点

随声附和在多数情况下可以被看作一种善意的成全。你有可能为了顾及对方的面子，有时候的确为了表示自己没有任何看法，从而显示出你没有独立的个人意识。在很多情况下，随声附和是一种没有独立思想的表达方式，它容易让人觉得你比较虚伪。

从不盲从的爱默生说："要想成为真正的'人'，必须是一个不盲从的人。你心灵的完整性是不容许被侵犯的……当你放弃自己的立场，而用别人的观点去看问题的时候，错误便产生了。"这段精彩的话，对那些企图通过遵从别人的观点而赢得人际交往成功的人而言，无疑是一个很大的震撼。

一些涉世未深的人常常会害怕自己与众不同，因此，他们从穿着、行为、语言，甚至是思维方式上模仿别人，以便能够得到对方的认同。有些女士经常会说"别的女孩像我这么大，都已经开始谈恋爱了"，"玛丽的爸爸并不反对她搽口红"等。

很多时候，我们思考和判断的结果可能确实跟很多人一样，如我们会发现诚实是最好的行动指南。这不是因为人们这么说了，而是我们根据自己的观察、思考和判断得出了这个结论，我们的确认为犯罪是不应该的和理应受到惩罚的。这自然不能算作盲从和因袭，正好相反，这才是真正的独立人格和独立意识。幸运的是，正是因为大多数人会相信诸如诚实这样的原则是很重要的和正确的，我们的社会才不至于失去正义和美。否则，我们的社会就要陷入一片混乱了。

但是，世事都不是绝对的。一些重要的基本原则，因为时代的变迁和地点的变化，都有可能发生具体的改变，甚至有可能发展到与原来意义截然相反的地步。比如，刑讯逼供在原来是人们所公认为合理的，但是现在也变成了可以质疑的制度。正是那些不因袭前世的改革推动了社会的进步，这才是文明进步的动力。

我们有时候随声附和他人的观点，可能并不是因为自己没有独立的思想，而是出于某种考虑。比如，我们都知道，反对别人的意见是一件不那么容易或者至少会给我们带来不愉快的事情，因此，也就不那么急于反驳别人了。大部分人宁愿对政府的政策保持赞同的态度——即使有不满意的地方——因为他们不愿意失去自己所拥有的那些东西；而反对政府的话，则可能会有某种危险存在。一般的人，容易摇摆在各种意见之间，因为他们可能这么认为：既然有那么多人同意，那么它想必是对的，而我所想的可能是错的。我们的信念可能就在这样的摇摆之间动摇、改变以至于松垮。是我们对自己的判断失去信心才导致的。但是，那些能够说出自己不同意见的人却截然相反。在一次聚会上，除了一位男士，在场的其他人都赞成某一个观点。他毫无顾忌地表示自己反对此观点。后来有人非常尖锐地问他的观点是什么，他微笑着说："我本来不打算发表自己的意见，因为这是一个愉快的社交聚会。本来我希望你们不要问我。但是，既然如此，我还是把自己的观点表达出来吧！"于是他说了自己的看法，并且对之前的那个意见进行了批驳。可以想象，他立即遭到了许多人的诘难。但是，他却始终面带微笑，坚定不移地固守着自己的观点，毫不让步。

　　　　　　　　●演讲与口才知识

虽然最后彼此都没有说服对方，但是他却赢得了大家的尊重，因为他有着自己独立的判断。

在这方面，爱默生所采取的立场值得我们敬重。他认为，每个人对自己和社会、神都有一种责任，那就是好好地利用自己所具备的能力，以增进全人类的福祉。他在世的时候，那些反对奴隶制度的人都希望得到他的支持。虽然他也同情他们，希望他们的运动能够获得成功，但是他知道自己不是适合做这种事情的人——而众所周知的是，一个人只有做最适合自己的事情，才可能发挥最大的作用——所以，他拒绝了做这件事情，而选择了做其他有利于人类福祉的工作。为此，他曾经遭到巨大的误解，但是他却毫不动摇。坚持不迁就他人的原则，或者坚持一种不被大多数人支持的观点，都不是一件容易的事情。

我们的生活如今到处都充满了专家，我们已经开始对他们产生依赖，因此丧失了对自己的判断的信心，于是，我们对许多事情都不能提出自己的意见和看法。我们现在的教育，也是针对一种既定的性格模式来设计的，因此，这样的教育模式并不能培育出各种各样有用的人才。大部分人是追随者，而不是领导者。在一般的公立学校，那些胆敢对子女的教育方式产生怀疑的父母实在是很不容易的，因为这项工作通常是由专家们来做的。那些父母是能够独立思考的人，并对自己的信念极有信心。他们不断地提出自己的观点，与那些专家论战。一年之后，他们被选出来当社区教育委员会的委员。有数百名孩子因为他们而得到更多更好的教育。

澳大利亚驻美国大使波希·史班德爵士发表过一篇演讲，他说：

"生命对于我们的意义，是要我们把自己所具有的各种才能充分发挥出来。我们对国家、社会、家庭都有不可推卸的责任，这是我们来到世上的唯一的理由，也使我们活得更加有意义。如果我们不去履行这些义务，我们的社会便不会有秩序，我们的天赋和独立性也不能够发挥——我们有权利也应有机会去培养自己的独特性，并借以追求自己、家人、朋友，甚至全人类的福祉。"

而爱德加·莫勒在《周末文艺评论》中的一段话也值得我们深思："虽然人类还无法达到天使的境界，但这也并不构成我们必须变成蚂蚁的理由。"

说话不能太直接

柯立芝总统执政的时候，一个朋友应邀到白宫做客。他听见柯立芝总统对他的女秘书说："你今天穿的衣服很漂亮，你真是一位漂亮的女孩子。"平时沉默寡言的柯立芝总统，一生很少称赞别人，但是却对他的女秘书说出这样的话来，这使得那位女秘书听了之后，脸上顿时泛起一片红晕。柯立芝总统接着说："别不好意思，我所说的话，都是发自内心的。不过，从现在起，我希望你注意文件上的标点符号，不要再出现类似的错误了。"

理发师在替人刮胡子时，通常会先敷上一层肥皂水，使顾客的脸不至于受伤。这与柯立芝总统的方法有异曲同工之妙。柯立芝总统运用的方法，也是不直接说出对方的缺点，而是先赞美对方。在这样的情况下，我们提出的意见才不至于引起别人的反感，因此也更加容易达到让别人改正错误的目的。

我们在一般情况下一看到对方有什么问题，就直截了当地指出来。但是，在更多的时候，我们只有含蓄一点、委婉一点，才能达到自己的目的。另外有些时候，因为环境、气氛、心理等因素，有些东西不方便直接说出来，则必须要用比较委婉的语言来表达，即通常所说的"转着弯儿说"。只有这样，才不会给对方和自己带来不良的影响，从而不会破坏谈话的情绪，甚至阻碍谈话的进行。

　　委婉和含蓄往往是联系在一起的。它并不是含糊其词，其结果也是说出了自己的观点，只是比较隐蔽而已。它是一种比直接说话更加富有智慧、更加具有魅力的表达技巧。其根本目的是通过另外一种更加合适的方式表达自己的观点，或者使别人被自己说服。培根说过："含蓄和得体比口若悬河更加难能可贵。"

　　确实，在某些场合，委婉、含蓄地说话比直接说出来效果要好得多。一次，年轻的莫泊桑向著名作家布耶和福楼拜请教诗歌创作。两位大师一边听莫泊桑的诗歌朗读，一边喝香槟酒。听完之后，布耶说："你这首诗，句子虽然有些小疙瘩，像块牛蹄筋，但是我读过更坏的诗。你这首诗就像这杯香槟酒一样，勉强还能吞下。"这个批评虽然很严厉，但是却因为比喻的运用而减少了批评的分量，给了对方一些安慰。

　　一个人在禁止捕鱼的地方网鱼，这时候，来了一个警察。捕鱼的人心想这下肯定糟了，不料，那位警察却出乎意料地用非常友好的口气对他说："先生，你在此洗网，下游的河水岂不是要被你污染了吗？"这句话使捕鱼者十分感动，他立即诚恳地道歉，并且把渔网收了起来。而在此之前，他本来想跟警察讨论一下这里为什么要禁止捕鱼呢！

在一家高级餐馆里，一位顾客坐在桌旁，却把餐巾系在了脖子上。这种不文雅的行为很快引起了其他顾客的不满。餐厅经理叫来了一位服务生，对他说："你必须想办法使这位先生不再做这种不文雅的举动，你要让他知道，在我们这样的高级餐厅，这种行为是不被允许的。但是你必须尽量给他保留尊严。"这可是个十分棘手的问题。那位侍者想了想，然后走到那位顾客旁边，礼貌地对他说："先生，请问你是要理发呢，还是打算刮胡子？"刚说完，顾客就意识到了他不文雅的行为，并且赶紧取下了餐巾。

这位侍者并没有直接指出那位顾客的不当行为，而是拐弯抹角地问了一件与餐馆毫不相干的事情。表面上看来，这位侍者好像是问错了，但是正是这种问话，才起到了既顾及顾客的面子，又提醒了他的不当行为的作用。

一般的人对陌生人似乎很委婉，看起来的确很客气，但是他们认为对熟悉的人就不必如此了。这种想法当然是错误的。要知道，不论是陌生人还是熟悉的人——即使是你的亲人，他们都希望自己被别人尊重。他们与陌生人只有一个差别，那就是陌生人可能会暂时接受你的看法，但是却并不会在心底里赞同你。

本拉说服他儿子的做法，有值得我们借鉴的地方。

一天晚上，本拉的太太拿电话账单给他看："你看看，我们的儿子在我们去欧洲旅游的时候，打了多少长途电话。"接着她指着某一天的记录说，"单这一天，就打了 1 小时 40 分钟！"

"什么？！"本拉意识到这样的行为再发展下去，可能会耽误儿子的学习，于是就准备上楼去教训他。但是，本拉站起来又坐了下去，因为他想到自己现在正在气头上，还是不要说的好，而且他需要找点技巧去说服他已经16岁的儿子。

本拉把话忍到了吃午饭的时候。他在饭桌上装作毫不经意地说："约翰，暑假快结束了，你马上要回学校了，你抽时间查查看哪家电话公司打长途电话便宜。"然后他又来了个急转弯，"咳，你这学期应该挺忙的，也没多少时间打电话，我是多操心了。"

儿子马上领会了父亲的意思，他不好意思地说："是啊是啊，我因为要回学校，跟同学联络，上个月打了很多电话。以后不会这样了。"

就这样简单！本拉先生把省钱、少打长途电话、用功读书这些意思都表达清楚了，他换了一个方法，因此也没有产生什么不快。

听起来是不是很简单？确实这样。但是你必须想到这么去做，才能做得很好。

不懂装懂只能显得更无知

一般人会认为，如果在某件事情上承认自己的无知，就会被别人看不起，因此，他们极容易产生一种唯恐落后于他人的压迫感，从而拒绝承认自己无知。被好胜心驱使的人们因而就会对自己一知半解甚至一窍不通的东西装作很懂的样子，以此来保全自己的面子。

事实上，你经常能看到这样的人。他们会在一件小事情上大做文章，以此显示自己懂得很多大道理，好像什么都懂。别人一谈到某个问题，他们就立即想要发表自己的观点——不管他们有没有想过这个问题——以显示自己有多么高明。他们希望给人们这样一个印象：他们无所不知，而且对他们所知道的东西都达到了专家的水平。

你觉得这样的事情有没有可能？当然是不可能的。在现代社会，信息量极丰富，知识量爆炸性地增长，专业门类极多，而每个专业也都研究到了很深的地步。任何一个人——即使他是天才，也不可能对所有的东西都通晓。

关键问题还在于，那些不承认自己有所不懂的人，他们没有办法对某一件事情精通。我们可以设想：他们什么都想知道一点，而现在知识又这么多，他们怎么会有精力进行深入的研究呢？不过，可能他们本来就不打算精通某一个专业。他们的目的，只是表现自己而已。而实际上，这样的人才是真正一无所知的。

而工作中那种不懂装懂的人喜欢说："这样的工作真无聊。"其实，他们内心的真正感觉是："我做不好任何工作。"他们希望年纪轻轻就功成名就，但是他们又不喜欢学习、求助或征询他人意见，因为这样会被人认为他们"不胜任"，所以他们只好装懂。而且，他们要求完美却又严重拖延，导致工作一点都不出色。

在现实生活中，我们喜欢交往的往往是那些看起来很平凡，但是当你跟他交谈之后，就会被他的内在思想所倾倒和折服的人。这种人的真诚、坦率感染了我们，他们所使用的词汇也简单明了，一点儿也不故作高深。

有一位小杂志社的社长，不管在什么场合都喜欢装腔作势，并且他常常使用那种听起来很不舒服的音调来表明自己很高明。他经常在别人面前表现得无所不知，这种姿态也使许多人觉得他在做自我宣传。然而，无论他再怎么装，他也得不到别人的认同，他所出版的杂志销量也不会好。

他的杂志总是被人们认为是现学现卖的东西，甚至十分肤浅，这是因为他喜欢对所有的事情都加以批判，并似乎以此为乐。当他一开口，旁边的人就会说："我的天啊！他又要开始说话了。"然后便万分痛苦地听他自我吹嘘。这种人本来就没有多少智慧，他越是显摆就越显示出他的无知。

承认自己有不知道的东西，这并不丢人。倘若为了抬高身价而自我吹嘘，一旦被别人看穿，其就会认为你是一个虚伪的人，甚至认为你一无所知。在人际交往中，一定要保持一个良好的心态，不要不懂装懂。

如果对方指出了你犯的一个错误，你千万不要下意识地为自己找借口。你不用想象自己是一个全能的人，因为那永远是不真实的。

几乎所有企业都希望招聘到具有诚实精神和美好品德的职员，因此，在接受面试时千万不要试图对"明察秋毫"的经理说谎。不少人在接受面试时，由于迫切希望得到眼前的这份工作，通常很容易犯下"不懂装懂""故意隐瞒自己的缺点"或"夸大自身优点"的错误。如一些毕业生可能会在求职简历中描述自己的能力时夸夸其谈，或违背事实地强调自己在某项社会实践活动中处于"主导地位"。

汤姆到纽约一家公司的大卖场应聘一个管理职位，并按要求填了登记表。回家等通知期间，汤姆并未花力气了解这家公司。他自信满满，因为他形象、气质、学历俱佳。面试时，主考官问汤姆对公司了解多少，汤姆凭印象说这家公司是一家非常大的企业，还十分肯定地说公司注册资金为 10 亿元。事实上，该公司只是一家中型企业，注册资金也不是汤姆说的那个数字。最后，汤姆落选了。主考官说，管理人员必须具有一定的原则性。汤姆的问题在于他不懂装懂，而且不够诚实，"这样的人很难坚持原则，如果在工作中也这样信口开河，不定会闯出什么乱子"。

我们很容易知道，那些喜欢不懂装懂的人可以随时找出一个理由来为自己进行辩护——好像他们是不得不这样做的。我们应该如何评价这样的做法呢？我们是否应该放弃自己应该有的诚实和虚心，而去获得这种暂时的利益呢？答案当然是否定的。

第八章
Dibazhang

练就好口才，说话高手的五项训练

让对方多说话

很多人急于让对方（为了写作的方便，除非特别提及，否则本书中"对方"一词指的是包括两人谈话中的"对方"、演讲中的"听众"等在内的所有场合的说话对象，即泛指的对象）明白自己的意见，话说得太多了。要知道，有时候话说得太多跟不说话的效果差不多。

尽量让对方多说话吧！他们对自己的事情和问题一定比对你了解得要多。所以，在必要的时候，向他们提一些问题，让他们告诉你一些事情。这样做将会使你们的交流更加有效果。

如果你并不同意对方的观点，你可能想去反驳他。可是你千万不要这么做，因为这将是非常危险的。当一个人急于把自己的观点表达出来的时候，他绝对不会注意别人的观点。在这个时候，你要做的事情就是听听他有什么观点，鼓励对方充分地发表自己的意见。

首先，让我们来看看这种策略的运用在商业上的价值。

若干年前，美国最大的汽车制造公司正在和三家重要的厂商洽谈订购下一年度的汽车坐垫布。这三家厂商都已经做好了坐垫布的样品，并且已经得到汽车制造公司的检验。汽车制造公司告诉他们，他们可以以同等条件参加竞争，以便公司做出最后的决定。

其中一个厂商的业务代表 R 先生——他后来成了卡耐基口才训练班的学员——在班上叙述他的经历时说："不幸的是，我在抵达的时候，正患有严重的喉炎。当我参加高级职员会议时，我已经几乎说不出话来了。他们领我到一个房间，该公司的纺织工程师、采购经理、推销经理以及总经理跟我晤面。我站起来，想尽力说话，但是却只能发出沙哑的声音。最后，我只能在纸上写道：各位，对不起，我的嗓子哑了，不能说话。

"'那么，就让我替你说吧！'该公司的总经理看到后说。他帮我展示了我的样品，并且对着大家称赞了它的优点。在他的提议下，大家围绕着样品的优点展开了热烈的讨论。由于那位总经理在替我说话，因此在这场讨论中，我只是微笑、点头以及做了几个简单的手势。

"这个特殊的会议讨论的结果是我赢得了这份订单，和该公司签订了 50 万码的坐垫布。这是我获得的最大的订单——它的总价值为160 万美元。我很幸运。我知道，假如我的嗓子没有哑，那么，我可能得不到这个订单，因为我对整个情况的看法是错误的。这个经历让我发现，让别人说话是多么地有益。"

交易成功的关键在于，如果你希望别人买你的商品，最好的办法莫过于让他们自己说服自己。在很多情况下，你不能直接向顾客推销你的商品，而要让他们在心底里觉得你的商品确实很有优势，从而

● 演讲与口才知识

主动来买你的商品。

让对方说话，并不只是在商业领域起到了它的作用，也有助于别的方面。比如，它可以帮助你处理家庭中的一些矛盾。

芭芭拉·威尔逊是卡耐基训练班的学员，她和她的女儿罗瑞的关系近段时间迅速恶化。罗瑞以前是个十分乖巧和听话的孩子，但是当她十几岁的时候，却与母亲产生了许多矛盾，拒绝与母亲合作。威尔逊夫人曾试图用各种方法威吓、教训她，但是都无济于事。

"她根本不听我的话，我几乎放弃了所有的努力。有一天，她家务活还没做完，就去找她的朋友玩。当她回来的时候，我照旧骂了她。我已经没有耐心了，我伤心地对她说：'罗瑞，你为什么会这样呢？'

"罗瑞似乎看出了我的痛苦。她问我：'你真想知道吗？'我点了点头。于是她开始告诉我以前从未跟我说过的事情：我总是命令她做这做那，从来没有想过要听她的意见；当她想跟我谈心的时候，我却总是打断她。我认识到，罗瑞其实很需要我，但她希望我不是一个爱发命令、武断的母亲，而是一个亲密的朋友，这样她才能倾诉烦恼。而以前，我从未注意到这些。从那以后，我开始让她畅所欲言，而我总是认真地听。现在，我们的关系大大改善，我们成了好朋友。"

同样地，让别人说话，可能对你求职也有很大的好处。

纽约《先锋导报》曾刊登了一则招聘广告，他们需要聘请一位有特殊能力和经验的人。查尔斯·克伯利斯看到广告后，把他的履历资料寄了出去。几天之后，他收到了约他面谈的回信。

"如果能在你们这家有着如此不凡经历的公司做事，我将会十分自豪。听说在 28 年前，当你开始创建这家公司的时候，除了一张桌子、一间办公室、一个速记员之外什么都没有，简直难以置信。这是真的吗？"在面谈的时候，克伯利斯对与他面谈的老板这样说。实际上，每个成功的人都喜欢回忆自己早年的创业经历，并且十分高兴别人能听他讲下去。这个老板也不例外。他跟克伯利斯谈了很久，谈了他如何依靠 450 美元现金开始创业，每天工作 12 ～ 16 个小时，在星期日及节假日照常工作，以及他最后终于战胜了所有的困难。最后，这位老板简单地问了克伯利斯的经历，然后对他的副经理说："我想他就是我们正在寻找的人。"

克伯利斯成功的原因可能没有这么简单，但是有一点十分重要：他聪明地提出了一个让对方十分感兴趣的问题，并且鼓励对方多说话，因此给了老板很好的印象。

法国哲学家罗司法考说过："如果你想结仇，你就要比你的朋友表现得更加出色；但如果你想要得到朋友，那就要让你的朋友表现得更出色。"他的意思是，当你的朋友胜过你时，他们就会产生一种自重感；但是如果相反，他们就会产生一种自卑感，并且开始对你产生猜疑和忌妒。

亨丽塔女士是纽约市中区人事局里与别人关系最融洽的工作介绍顾问。但是一开始有好几个月，亨丽塔在同事中连一个朋友也没有。

"我的工作干得确实很不错，我一直很骄傲。"亨丽塔在卡耐基训练班上说，"奇怪的是，同事们不但不愿意跟我分享我的成绩，而且似乎很不高兴。而我渴望和他们做朋友。在上了辅导课之后，我开始按照它去做了，我开始少谈自己，多听同事们说话。我发现，其实他们也有许多值得夸耀的事。对他们而言，把他们的事情告诉我，比听我的自吹更能让他们高兴。现在，每次我们在一起聊天的时候，我都会让他们告诉我他们的故事，共同分享他们的故事。只有当他们问及我的时候，我才略微地谈论一下我自己。"

有时候，弱化我们自己的成就会使人喜欢你。德国人有句俗语，大意是：最大的快乐，便是从我们所羡慕的强者那里发现弱点，从而让我们得到满足。是的，你要相信，也许你的一些朋友会从你的挫折或弱点中得到更大的满足。

有一次，一位律师在证人席上对埃文·考伯说："考伯先生，我听说你是美国最著名的作家，是这样吗？"考伯回答说："我不过是徒有虚名罢了。"

考伯的回答方法是正确的。你或许不知道是什么使我们不至于成为白痴，那并不是什么了不起的东西，只是你甲状腺中有值5美分镍币的碘而已。而如果没有那点东西，我们就会成为白痴。我们都没有什么了不起的。人终有一死，百年之后，我们中的绝大多数会被人忘记。生命如此短暂，我们不应该对自己小小的成就念念不忘，这样会使人厌烦的。因此，如果你希望别人的看法与你一致，使你们的谈话渐入佳境，就要鼓励别人多说话——这是你必须要做的事情。

不要和别人争论

第二次世界大战后不久，卡耐基在伦敦得到了一个极为重要的教训。那时，他是澳大利亚飞行家詹姆斯的经理人。在大战期间和结束后不久，詹姆斯成为世界瞩目的人物。一天晚上，卡耐基参加了欢迎詹姆斯的宴会。那时，坐在卡耐基右边的一位来宾给大家讲了一段诙谐的故事，并在讲话中引用了一句话。

他指出这句话出自《圣经》，而卡耐基恰好知道这句话出自莎士比亚的作品。那时候，为了显示自己有多么突出，卡耐基毫无顾忌地纠正了他的错误。然而那人却说："什么？那句话出自莎士比亚？不可能，绝对不可能。"他坚持认为自己是对的。

巧妙化解争论的两个方法

争论产生的结果只能是失败，永远无法获胜。你即使逞了一时之快，但是却伤了对方的自尊，他会对你心怀不满，于你的交际而言还是失败的。那么，如何避免与人争论呢？

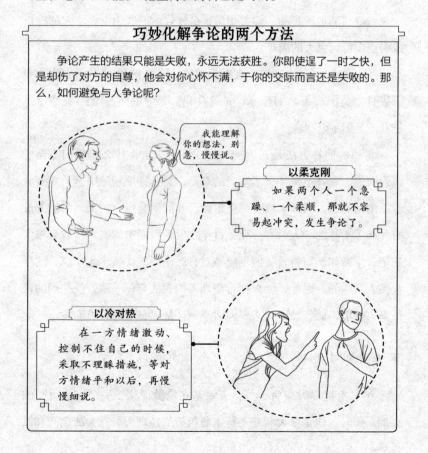

我能理解你的想法，别急，慢慢说。

以柔克刚

如果两个人一个急躁、一个柔顺，那就不容易起冲突，发生争论了。

以冷对热

在一方情绪激动、控制不住自己的时候，采取不理睬措施，等对方情绪平和以后，再慢慢细说。

当时，坐在卡耐基左边的是卡耐基的老朋友加蒙，他是一个研究莎士比亚的专家。"我们让加蒙来决定我们谁是正确的。"加蒙在桌子底下踢了卡耐基一脚，然后说："卡耐基，你是错的，这句话的确出自《圣经》。"

宴会之后我们一起回家。卡耐基责怪加蒙说："你明明知道那句话是出自莎士比亚之口，为什么还要说我不对呢？"

"是的，一点都不错。"加蒙说，"那是莎士比亚的《哈姆雷特》第五幕第二场中的台词。可是卡耐基，我们都是这个宴会上的客人，为什么我们一定要找出一个证据，去指责别人的错误呢？你这样做会让别人对你产生好感吗？你为什么不能给他留一点点面子呢？他并不想征求你的意见，也不想知道你有什么看法，你又何必去跟他争辩呢？记住这一点，卡耐基：永远不要跟他人发生正面冲突。这是一个真理。"

"永远不要跟他人发生正面冲突。"说这句话的人现在已经不在这个世界上了，可是我们要永远记住这句话。

这个教训给了卡耐基极大的震动。卡耐基原来是一个固执己见的人，从小就喜欢与人辩论。读大学的时候，卡耐基对逻辑和辩论十分感兴趣，经常参加各种辩论比赛。后来，卡耐基在纽约教授辩论课，甚至还计划着手写一本关于辩论的书。

那天之后，卡耐基又聆听了数千次辩论，并且十分注意每次辩论会之后产生的影响。他得出一个结论，它也是一个真理：天下只有一种方法能得到辩论的最大胜利，那就是像避开毒蛇和地震一样，尽量去避免辩论。

卡耐基还发现，在辩论之后，十有八九，各人还是会坚持自己的观点，相信自己是绝对正确的。

你应该知道，当人们被迫放弃自己的意见而同意他人的观点的时候，就算他看起来是被说服了，实际上他反而会更加固执地坚持自己的意见。

巴恩互助人寿保险公司为他们的职员定下了这么一条规定：不要争辩。他们认为，一个好的推销员是不会与顾客争辩的，即使是最平常的意见不合，也应该尽量避免。因为人的思想是不容易改变的。

老富兰克林的话正好可以说明这一点："如果你辩论、反驳，或许你会得到胜利，可是那胜利是短暂的、空虚的，而你将永远也得不到对方对你的好感。"空虚的胜利和人们对你的好感，你希望得到哪一样呢？

在威尔逊总统任职期间担任财政部部长的玛度，以他多年的从政经验告诉人们一个教训："我们绝不可能用争论使一个无知的人心服口服。"卡耐基认为：你别想用辩论改变任何人的观点，而不只是无知的人。

下面再举一个例子。所得税顾问派逊先生，曾经为了一笔9000美元的账目问题和一位政府税收稽查员争论了1个小时。派逊的意见是：不应该征收人家的所得税，因为这是一笔永远无法收回的呆账。而那位稽查员却认为必须要缴税。

派逊在卡耐基讲习班上讲了后来的情形：

"他冷漠、傲慢、固执，跟这种人讲理，就如同在讲废话。越跟他争辩，他越是固执己见。后来我决定不再继续跟他争论下去，于是就换了个话题，还赞赏了他几句。

"'由于你处理过许多类似的问题，'我这样对他说，'所以这个问题对你来说肯定是小菜一碟。而我虽然也研究过税务，但不过是纸上谈兵。你当然知道，这些是需要实践经验的。说实在话，我非常羡慕你有这样的一个职务，这段时间让我受益匪浅。'

　　"当然，我跟他讲的，也都是实在话。那位稽查员挺了挺腰，就开始谈他的工作，讲了许多他所处理的舞弊案件。他的语气渐渐平和下来，接着又说到自己的家庭和孩子。临走的时候，他对我说他打算回去再把这个问题考虑一下。

　　"三天后，他来见我，说那笔税按照税目条款办理，不再多征收。"

　　这位稽查员的身上，显露出了人性的一个常见的弱点，即希望得到别人的认同。当派逊跟他争辩的时候，他显得十分有权威，希望以此来建立自尊；而当派逊认同他的时候，他就随即变成了一个和善的、有同情心的人，从而自然而然地停止了争论。

　　释迦牟尼说过："恨永远无法止恨，只有爱才可以止恨。"因此，误会不能用争论来解决，而必须运用一定的外交手腕和给予别人的认同来解决。

　　林肯曾经这样斥责一位与同事争吵的军官："一个成大事的人，不应处处与人计较，也不应花大量的时间去和他人争论。无谓的争论不仅会有损你的教养，而且会让你失去自控力。尽可能对别人谦让一些。与其挡着一只狗，不如让它先走一步。因为如果被狗咬了一口，就算你把这只狗打死，也治不好你的伤口。"林肯的话也应该成为你的行动准则。

永远不要指责他人的错误

在研究青年时代的林肯的时候，我们惊奇地发现：胸襟博大的林肯一开始竟然是一个以指出别人的错误为乐的人。在他年轻的时候，他非常喜欢对别人进行评论，并且经常写信讽刺那些他认为很差劲的人。他常常把信直接丢在乡间路上，使别人散步的时候能够很容易看到。即使在他当上了伊利诺伊州春田镇的见习律师以后，他还是经常在报纸上抨击那些反对者。

1842 年的秋天，林肯经历了一件令他刻骨铭心的事情。当时他写了一封匿名信发表在《春田日报》上，嘲弄了一位自视甚高的政客詹姆斯·希尔斯。这封信使希尔斯受到了全镇人的讥笑。希尔斯愤怒不已，全力追查写信人，最后查到是林肯写的那封信。他要求和林肯决斗，以维护自己的名誉。本来林肯并不喜欢决斗，但是却无可奈何，只能答应。他选择了骑士的腰刀作为他的武器，并且请了一位西点军校毕业生来指导他的剑术。

数日来，林肯一直处在一种十分愧疚和自责的状态下，因为这一切都是他指责对方的错误而导致的。他在这样的心态下等待着那惊心动魄的时刻的到来。幸好——非常意外地——在决斗开始的前一刻，有人出面阻止了这场决斗。

为了指责别人的错误而被迫与别人一决生死，这是多么愚蠢的事情。林肯终于决定以后再不做这样的事情了。他不再写信骂人，也不再为任何事指责任何人。

内战期间，林肯好几次调换了波多马克军的将领，但是这些将领却屡次犯错。人们无情地指责林肯，说他用人不当。林肯并没有因此而对这些将领进行指责，而是保持了沉默。他说："如果你指责和评论别人，别人也会这样对你。"他还说："不要责怪他们，换作是我们，大概也会这样的。"

1863 年 7 月 3 日开始的葛底斯堡战役是内战期间最重要的一次战役。7 月 4 日，李将军率领他的军队开始向南方撤离。他带着败兵逃到了波多马克河边，他的前面是波涛汹涌的大河，身后是乘胜追击的政府军。对北方军队而言，这简直是天赐良机，完全可以一举歼灭李将军的部队，从而很快地结束内战。林肯命令米地将军果断出击，告诉他不用召开紧急军事会议。为了确保命令的下达，他不仅用了电报下令，还派了专门人员传达口讯给米地将军。

结果呢？米地将军并没有遵照林肯的命令行事，而是召开了紧急军事会议。他借故拖延时间，甚至拒绝攻打李将军。最后，李将军和他的军队顺利地渡过了波多马克河，保存了实力。

当听到这个消息后，林肯勃然大怒——他从来没有这么愤怒过。失望之余，他写了一封信给米地将军。信的内容是这样的：

"亲爱的米地将军：

我不相信，你也会对李将军逃走一事感到不幸。那时候，他就在我们眼前，胜利也就在我们眼前。而现在，战争势必继续进行。既然在那时候你不能擒住李将军，如今，他已经到了波多马克河的南边，你怎么取得胜利？我已经不期待你会成功，而且也不期待你会做得多好。机不可失，时不再来，我对此深感遗憾。"

你可以猜测一下米地将军读到这封信的时候会有什么表情。但是，你可能会感到意外的是，他根本没有收到过这封信，因为这封信林肯并没有寄出去——人们是在一堆文件里发现它的。

林肯忘记把这封信寄出去了吗？这是不可想象的。众所周知，这是一封十分重要的信件。有人回忆了当时的情景：

"这仅仅是我的猜测……"林肯在写完这封信时，心里想道，"当然，也许是我性急了。坐在白宫，我当然能够看得更加清楚，也更加能够指挥若定。但是，如果我在葛底斯堡的话，我成天看见的是因为伤痛而号哭的士兵，或者成千上万的尸骨，也许那样，我就不会急着去攻打李将军了吧！我一定也会像米地将军一样畏缩的。现在，既然事情已经发生了，唯一能做的就是承认它。至于这封信，如果我把它寄出去的话，我想除了让自己感到愉快之外，将不会有任何其他的好处。相反，它会使米地将军跟我反目，迫使他离开军队，或者断送他的前途。这是大家都不愿意看到的。"

于是，林肯把那封已经装好的信搁在了一边。因为他相信，批评和指责所得的效果等于零。

林肯总统从以前总爱指出别人的错误到后来如此宽容的巨大转变，给我们树立了一个榜样。他以自己的切身经历告诉我们：永远不要指责他人的错误。

当年，西奥多·罗斯福入主白宫的时候说，如果他在执政期间能有75%的时候不犯错，那就达到了他的预期目的了。这位20世纪最杰出的人物尚且如此，那么作为普通人的你我呢？假如你确定自己能够做到55%的正确率，你就可以去华尔街，在那里你可以日进100万美元，丝毫没有问题。如果你没有这样的把握，那么你也不要去说

◉ 演讲与口才知识

别人哪里对哪里错了。

事实上，大多数人不会进行逻辑性的思考，他们都犯有主观的、偏见的错误。多数人都有成见、忌妒、猜疑、恐惧以及傲慢的心理，而这些缺点将给他们的判断带来影响。如果你习惯指出别人的错误，那么请你认真阅读下面的这段文字，摘自著名心理学家卡尔·罗吉斯的《怎样做人》一书。

"当我尝试了解他人的时候，我发现这实在很有意义。对此，你可能会感到奇怪，你可能会想：我们真的有必要这样去做吗？我认为，这是绝对必要的。我们在听到他人说话的时候，第一反应往往是进行判断或进行评价，而不是尽力去理解这些话。当别人说出某种意见、态度或想法的时候，我们总是会说'不错''太可笑了''正常吗''这太离谱了'等评论性的话。而我们却很少去了解这些话对说话人有什么意义。"

另外，詹姆斯·哈维·鲁宾逊教授在《决策的过程》中写了下面一段话，对我们也很有启迪意义。

"……我们会在无意识中改变自己的观念。这种改变完全是潜移默化而不被我们自己注意的。但是，一旦有人来指正这种观念，我们一般会极力地维护它。很明显，这并不是因为观念本身的可贵，而是因为我们的自尊心受到了伤害……在为人处世时，'我的'这个词既简单又重要。妥善地处理好这个词，是我们的智慧之源。无论是'我的'饭、'我的'狗、'我的'屋子、'我的'父亲，还是'我的'国家、'我的'上帝，都拥有同样巨大的力量。我们不仅不喜欢别人说'我的'手表不准或'我的'汽车太旧，也不喜欢别人纠正我们对于火星上水道的模糊概念，以及对于水杨素药效的认识，或对于亚述王沙冈一世生卒年月的错误……我们总是愿意相信我们所习惯的东西。当我们所相信的事物被怀疑时，我们就会产生反感，并努力寻找各种理由为之辩护。结果怎样呢？我们所谓的理智、所谓的推理等，就变成了维系我们所习惯的事物的借口了。"

在这样的情况下，我们得出的判断可靠吗？当然不可靠。既然自己都不能确信自己就是对的，我们还有资格对别人指手画脚吗？

当然，如果一个人说了一句你认为肯定错误的话，而且指出来对你们的交流会有好处的话，你当然可以指出来。但是，你应该这么说："噢，原来是这样的。不过我还有另外一种想法，当然，我可能不对——我总是出错。如果我错了，请你务必毫不客气地指出来。让我们看看问题所在。"

用这类话，比如"我也许不对""我有另外的想法"等，确实会收到神奇的效果。无论何时，无论何地，不会有人反对你说"我也许不对，让我们看看问题所在"。

柏拉图曾经告诉人们这样一个方法："当你在教导他人时，不要使他发现自己在被教导；指出人们所不知的事情时，要使他感到那只是提醒他一时忽略了的事情。你不可能教会他所有的东西，而只能告诉他怎么处理这种事情。"19世纪的英国著名政治家查斯特费尔德对他的儿子这样说："如果可能，你应该比别人聪明；但绝不能对别人说你更加聪明。"

永远不要这么说："我要给你证明这样……"这对事情无益，因为你等于在说："我比你聪明，我要告诉你这样去做才是对的。"你以为他会同意你吗？绝对不会，因为你直接打击了他的智慧、他的判断力以及他的自尊。这永远不会改变他的看法，他甚至有可能起来反对你。即使你用严谨如柏拉图或康德的逻辑来和他辩论，你也不能改变他的看法。因为，你已经伤害了他的感情。

如果你确定某人错了，你就直截了当地告诉了他，那么结果会怎么样呢？让我们来看看具体的事例，因为事例可能更有说服力。

F先生是纽约的一位青年律师，参加过一个重要案件的辩论。这个案件由美国最高法院审理。在辩论中，一位法官问F先生："《海事法》的追诉期限是6年，是吗？"

F先生有些吃惊，他看了法官一会儿，然后直率地说："审判长，《海事法》里没有关于追诉期限的条文。"

人们顿时安静了下来，法庭中的温度似乎降到了零摄氏度。F先生是对的，法官是错的，F先生如实地告诉了法官。但是结果如何呢？尽管法律可以作为F先生的后盾，而且他的辩论也很精彩，可是他并没有说服法官。

F先生犯了一个大错，他当众指出了一位学识渊博、极有声望的人的错误，所以他失败了。他这样做有益于事情的解决吗？事实证明，一点也没有。

即使在温和的情况下，也不容易改变一个人的主意，更何况在其他情况下呢？当你想要证明什么时，你大可不必大声声张。你需要讲究一些策略，使对方在不知不觉中接受你的观点。

如果你想要在这方面找一个范例的话，我建议你读一读本杰明·富兰克林的自传。在这本书里，富兰克林讲述了他是如何改变争强好胜、尖酸刻薄的个性的。

富兰克林年轻的时候总是冒冒失失的。有一天，教友会的一位老教友教训了他一顿："你可真的是无可救药。你总是喜欢嘲笑、攻击每一个与你意见不同的人，而你自己的意见又太不切实际了，没人接受得了。你的朋友一致认为，如果没有你，他们会更加自在。你知道的东西太多了，没有什么人能够再教你什么，而且也没有人愿意去做这种事情，因为那是吃力不讨好的。可是呢，你现在所知又十分有限，却已经学不到什么东西了。"

富兰克林决定接受这尖刻的责备，实际上他那时候已经很成熟和明智了，但是他知道这是事实，而且对他的前途有害无益。富兰克林回忆说：

"我定下了一条规矩：不许武断、不允许伤害别人的感情，甚至不说'绝对'之类的肯定的话。我甚至不容许自己在自己的语言文字中使用过于肯定的字眼，如'当然''无疑'等，而代之以'我想''我猜测''我想象'或者'似乎'。当我肯定别人说了一些我明明知道是错误的话，我也不再冒冒失失地反驳他，不再立即指出他的错误。回答时，我会说'在某种情况下，你的意见确实不错；但是现在，我认为事情也许会……'等。很快地，我就发现了我的改变所带来的效果。每次我参与谈话，气氛都变得融洽和愉快得多。我谦逊地表达自己的意见，不但让别人能够容易接受，而且还会减少一些冲突。而当我犯了错误的时候，我也不再难堪；当我正确的时候，更加容易使对方改变自己的看法而赞同我。

"一开始，采取这种方法的确与我的本性相冲突，但是时间一长，也就越来越习惯了。在过去的50年里，我没有再说过一句过于武断的话。当我提议建立新法案或修改旧法律条文能得到民众的重视，当我成为议员后能具有相当大的影响力，都要归功于这一习惯。虽然我并不善辞令，没有什么口才，谈吐也比较迟缓，甚至有时还会说错话，但一般而言，我的意见还是会得到广泛的支持。"

你要知道，在将近2000年前，耶稣就已经说过："尽快跟你的敌人握手言和吧！"而在耶稣诞生之前的2000多年前，古埃及国王阿克图告诫他的儿子说："谦虚而有策略，你将无往不胜。"我们似乎也可以这么理解：不要同你的顾客或你的丈夫争论，不要指责他错了，不要刺激他，你需要讲究一些策略，这样你才会成功。

勇敢地承认自己的错误

乔治·华盛顿总统在很小的时候就显示出了许多优秀的品格。他家的种植园中种有许多果树。有一次，乔治的父亲华盛顿先生从大洋彼岸买了一棵品种上佳的樱桃树。华盛顿先生非常喜爱这棵樱桃树，他把树种在果园边上，并告诉农场的所有人要对它严加看护，不能让任何人碰它。

一天，华盛顿先生交给乔治一把锋利的小斧子，让他去清理杂树，然后自己就出去了。乔治十分高兴自己拥有一把锋利的小斧子，所以拿着它在种植园中乱砍杂树。可能是因为太高兴了，他一不小心就砍倒了那棵樱桃树。

那天傍晚，华盛顿先生忙完农事，把马牵回马棚，然后来果园看他的樱桃树。没想到，自己心爱的树居然被砍倒在地。他问了所有人，但谁都说不知道。就在这时，乔治恰巧从旁边经过。

"乔治，"父亲用生气的口吻高声喊道，"你知道是谁把我的樱桃树砍死了吗？"

乔治看到父亲如此愤怒，他意识到是自己的一时冲动闯了祸。他哼哼唧唧了一会儿，但很快恢复了神志。"我不能说谎，"他说，

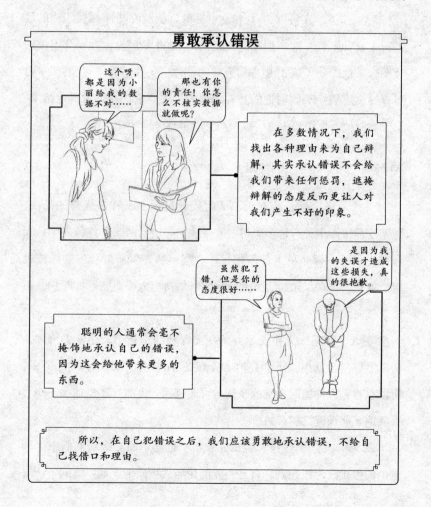

勇敢承认错误

这个呀，都是因为小丽给我的数据不对……

那也有你的责任！你怎么不核实数据就做呢？

在多数情况下，我们找出各种理由来为自己辩解，其实承认错误不会给我们带来任何惩罚，遮掩辩解的态度反而更让人对我们产生不好的印象。

虽然犯了错，但是你的态度很好……

是因为我的失误才造成这些损失，真的很抱歉。

聪明的人通常会毫不掩饰地承认自己的错误，因为这会给他带来更多的东西。

所以，在自己犯错误之后，我们应该勇敢地承认错误，不给自己找借口和理由。

"爸爸，是我用斧子砍的。"

华盛顿先生这时候已经冷静了下来，他问乔治：

"告诉我，乔治，你为什么要砍死那棵树？"

"当时我正在玩，没想到……"乔治回答道。

华盛顿先生把手放在孩子肩上。"看着我，"他说道，"失去了一棵树，我当然很难过，但我同时也很高兴，因为你鼓足勇气向我说了实话。我宁愿要一个勇敢诚实的孩子，也不愿拥有一个种满枝叶繁茂的樱桃树的果园。一定要记住这一点，儿子。"

乔治·华盛顿从未忘记这一点。他一直像小时候那样勇敢、受人尊敬，直至生命结束。

在纽约的一家汽车维修店里，发生过一件勇敢地承认自己错误的事情。

布鲁士新进这家维修店不久，就因为热情的工作态度得到了老板和同事们的一致好评。

但是有一天，由于一时大意，布鲁士把一台价值5000美元的汽车发动机以2500美元的价格卖给了一位顾客。同事们给他出主意，让他立即追回那位顾客；如果追不回，还可以私下里垫上这2500美元。可是布鲁士觉得这些方法都不好，他决定向老板承认错误。那些同事阻止他，认为他这么做简直太蠢了，因为这会导致他失去这份工作。但是布鲁士却坚持自己的意见。

布鲁士拿着一个装了钱的信封来到了老板的办公室。"对不起，布朗先生，"布鲁士说道，"今天，由于个人的原因，我犯了一个很大的错误，使维修店损失了2500美元。我为我犯了这样的错误而感到羞耻，并打算辞去这份工作。在走之前，我打算把这笔损失补上。这是我的 2500 美元赔款，请您收下。"

老板听后，沉默了一会儿，然后对布鲁士说："你真的打算这么做吗？"

"是的，布朗先生，"布鲁士回答道，"我把发动机的价格搞错了，确实是我犯下了这个错误，因此只能我自己来承担这个责任。我本来可以去找那位顾客，但是这样会损害维修店的声誉。而我，对这件事情负有全部的责任。因此，我只能这么做。"

布鲁士这种勇敢承认自己错误的行为打动了老板。他知道，任何人都会犯错误，关键是要有承认和改正自己的错误的勇气。所以，老板并没有批准布鲁士辞职，而是给了他更大的发展空间，也更加器重他，而布鲁士则因为勇敢地承认自己的错误而获得了比 2500 美元多得多的东西。

史狄芬是一家裁缝店的老板，由于他经营有道，裁缝店的生意很好。一天，一位叫哈里斯的贵妇人来到店里，要求赶做一套晚礼服。史狄芬做完礼服之后，却发现礼服的袖子比要求的长了半寸。不幸的是，他已经没有时间再进行修改了，因为哈里斯太太规定的时间已经到了。

当哈里斯太太来到店里取她的晚礼服的时候，她并没有发现有什么问题。她试穿上晚礼服，发现它为自己平添了许多气质，于是连连称赞史狄芬的高超手艺。不料，等她试完之后打算按照原定的价格付钱时，史狄芬却拒绝接受。于是，哈里斯太太问他为什么。

"太太，"史狄芬说，"我之所以不能收你的钱，是因为我犯了一

　　　● 演讲与口才知识

个很大的错误——我把你的晚礼服的袖子做长了半寸。我很抱歉,我希望你能够原谅我。如果你能够给我一点时间的话,我将免费为你把它做成你需要的尺寸。"哈里斯太太听完后,一再强调她对这件礼服很满意,而且并不在乎袖子长那么半寸。

但是,她并不能说服史狄芬接受这套礼服的钱,最后,她只得让步。

哈里斯太太回去对她的丈夫说:"史狄芬以后一定会出名的,他认真的工作、精湛的技术、诚恳的态度使我坚信这一点。"

事实果然如此,史狄芬后来成了世界有名的服装设计师。

我们可以举出上千个这样的例子来。这个道理人人都懂,只是实行起来有一些困难罢了。要强调的是,如果你确实想要成功,就一定要勇敢地承认自己的错误。

使对方一开始就说"是"

伟大的苏格拉底是历史上赫赫有名的思想家。他所做的事情没有几个人能够做到。他彻底改变了人类的思想进程,同时也是影响这个世界的劝导者之一。

他的方法是告诉别人他们是错误的吗?当然不是。他的方法被称为"苏格拉底辩论法",就是以对方肯定的答复作为这种方法的辩论基础。他提出的每一个问题,都会得到别人的赞同;然后,他连续不断地获得肯定的答复;最后,反对者会在不知不觉中承认苏格拉底的观点而放弃自己的观点。

这是不是很神奇呢?是的,但是如果你愿意的话,你也可以做到。方法很简单，那就是记住一开始的时候，要不断地让对方说"是，是"，千万不要让他说"不"。

在跟人交谈的时候，不要一开始就谈论一些你们可能有分歧的事，你应该先强调你们都同意的事，并且需要不断地强调。然后，强调你们双方都在追求同一目标，试着让对方知道，即使你们有分歧，那也只是方法上的分歧，而不是目标上的。

先让我们来看一个例子。

纽约格林尼治储蓄所的出纳员詹姆斯·艾伯森是卡耐基训练班的学员，他对这个策略深有感触。

"那天，"詹姆斯·艾伯森回忆说，"一个人走进来要开户，我让他先填写一些表格，其中有些问题他愿意回答，另外一些他根本不想回答。如果在以前，遇到这种情况，我会告诉这位顾客，如果他不向我们提供这些资料，我们就会拒绝为他开户。那样的'警告'使我很愉快，因为这好像在说只有我说话才算数。但是，显而易见，这样的态度将使我们的顾客有不被重视的感觉。

"因为上了训练班的有关课程，我决定不跟他谈银行的规定，而是谈顾客的需要。所以，我同意了他的做法。我告诉他说，那些他拒绝填写的内容并不是绝对必要的。"

"'但是，'我引导他说，'假如你去世，你不希望把存在我们银行的钱转移给你的亲属吗？'

"'当然。'他说。

"'难道你认为，'我继续说，'将你最亲近的亲属的一些资料告诉我们，使我们能够在你万一去世的时候准确无误地实现你的愿望，

不是一个很好的办法吗？'

"'是的。'他又说。

"就这样，最后他终于相信我们要这些资料是为了他，他的态度就转变了。他不仅把他自己的全部资料告诉了我，还根据我的建议，开了一个信托账户，指定他的母亲为受益人，并爽快地填写了关于他母亲的详细资料。"

詹姆斯·艾伯森发现，一旦让那个顾客开始就说"是，是"，顾客便忘了他们之间的争执，并且愿意做詹姆斯所建议的事。

如果让人一开始说"不"，会有什么后果呢？我们来看看阿弗斯特教授在他的《影响人类的行为》一书中所说的一段话：

"一个'不'的反应，是最难克服的障碍。人只要一说出'不'，他的自尊心就会促使他固执己见。当然，也许以后他会觉得'不'是不恰当的，然而一旦他考虑到宝贵的自尊，他就会坚持到底。所以，一开始就让人对你采取肯定的态度极为重要。"

他接着说，人的这种心理模式显而易见。当一个人说了"不"以后，如果他的内心也加以否定，他全身的各个组织都会协调起来，一起进入一种抗拒状态；而反过来，如果他说了"是"，情况就会恰好相反——他的身体就会随之处于前进、接受和开放的状态，这将有利于改变他的看法或意志，使谈话朝积极的方向发展。

如果一开始的时候就使学生、顾客或你的孩子、妻子说"不"，那么，即使你有神仙般的智慧和耐心，也无法使那种否定的态度变为肯定。

而想得到对方的肯定其实并不难，人们只是忽略了如何去做。

人们总是希望一开始对方就同意自己的看法，如果别人不同意的话，就急切地想驳倒对方，以获得对方的认同。他们或许认为这样做能够显示出自己的高明和突出。然而不幸的是，这种态度往往会适得其反。所以，最好的办法是，一开始就让对方说"是，是"。

● 演讲与口才知识

拥有好口才，从学会幽默开始

返还幽默法

返还幽默法，要善于抓住对方一句话、一个比喻、一个结论，然后把它接过来去针对对方，即把对方给自己的荒谬语言或行为及不愿接受的结论，经逻辑演绎后还给他，以其人之道，还治其人之身。

餐馆里有一位顾客叫住老板：“老板，这盘牛肉简直没法吃！”

老板：“这关我什么事？你应该到公牛那里去抱怨。”

顾客：“是呀，所以我才叫住了你。”

顾客按照老板的荒谬逻辑，推论出老板即“公牛”，让对方哭笑不得，自食其果。

这位顾客所用的幽默方法就是返还幽默法。

返还幽默法一般是对方攻击有多少分量，就以同等的分量还击。软对软，硬对硬，不随意加码。加码过重会影响幽默情趣。

有个顽童见到一位老人骑着一头毛驴由城外进来，闲来无事存心想调皮捣蛋一番。

这顽童在老人骑驴朝着他过来的时候，忽然大声说：“喂！你要不要吃方糖？"

老人见这孩子挺有爱心的，于是高兴地回答："小伙子，谢谢你，我不吃糖。"

没想到这小子竟然说："我又不是对你讲，我是对你的驴讲！"

路人听到了都哈哈大笑。

原本以为老人会因为没面子而大怒，没想到他一愣，随即举起手拍了一下驴头说："你这坏家伙，刚才我问你有没有驴朋友，你还撒谎说没有，坏蛋！"

他又打了驴子一下，在路人嘲讽那小子的笑声中，扬扬得意地走了。

返还幽默法就是要懂得"顺藤摸瓜""借竿上树"。

一位阔太太牵着哈巴狗上街，见到衣衫破烂的三毛，想拿他开心取乐，便对他说："你只要对我的狗喊一声爸，我就赏给你1块大洋。"三毛眼珠一转，笑着说道："喊1声给1块，要是喊10声呢？""那当然给10块了。"阔太太不假思索地答道。三毛躬下身去，顺着狗毛轻轻抚摸，像煞有介事地喊了声："爸！"阔太太妖里妖气地笑了一阵，随手给了三毛1块大洋。三毛连喊10声，阔太太很爽快地赏了三毛10块大洋。这时，周围挤满了看热闹的人。三毛傻笑着向阔太太点了点头，故意提高了嗓音，长长地喊了一声："谢谢，妈——"围观的人大笑不止。阔太太面红耳赤，目瞪口呆，半晌方才回过味儿来。

故事中的三毛就是使用了返还式幽默方法，幽默地回敬了阔太太的侮辱。

这种方法用于对付那些要赖之人最有成效，往往能使对方的无理取闹不攻自破，使对方作茧自缚。

一位懒汉去朋友家做客。早晨起床后，自己不但不收拾床铺，朋友替他叠被时，他还振振有词地说："反正晚上要睡，现在何必去叠！"饭后，懒汉将碗筷一推，一动不动地坐在沙发上闭目养神。朋友又得收拾桌子，又得洗刷碗具，懒汉说："反正下顿还要吃，现在何必洗呢？"到了晚上，朋友劝他把脚洗一洗，这样既讲卫生，又有益于健康。懒汉又耍懒，反驳说："反正还要脏，现在何必洗呢？"于是，朋友打算惩治他一下。第二天，吃饭的时候，朋友只顾自己，对懒汉不管不顾。懒汉来到饭桌旁，见没有自己的碗筷，便嚷道："我的饭呢？"朋友问道："反正吃了还要饿，你又何必去吃呢？"睡觉的时候，朋友也同样只顾自己，不理懒汉，懒汉见状，焦急地问道："我睡哪儿？"朋友反驳道："反正迟早要醒，你又何必要睡？"懒汉急了，叫道："不吃，不睡，不是要我死吗？"朋友泰然答道："是啊，反正总是要死，你又何必活着？"说得懒汉哑口无言。

故事中的朋友紧紧抓住了懒汉的荒谬逻辑，顺竿上树，以其人之道，还治其人之身，使得懒汉无话可说。

在这种方法的使用上，聪明的阿凡提可以说是行家，他经常利用这种方法惩治那些刁钻狡猾的地主。

从前有个巴依（地主），对人非常狠毒刻薄。一天，阿凡提来到巴札（集市），刚巧巴依正在那儿吃鸡。巴依一口咬定说，鸡的香味是鸡的一部分，阿凡提闻到了香味，所以一定要付钱。阿凡提皱皱眉头，晃了晃手里的钱袋说："钱的声音是钱的一部分，你既然听见了，那当然是我付过钱了。"在聪明的阿凡提面前，巴依无言以对，狼狈而去。

阿凡提依据巴依的荒唐逻辑"鸡的香味是鸡的一部分"，导出自己的结论"钱的声音也是钱的一部分"，并以此为突破口，以退为进，步步逼近，终于将对方逼得无路可走，只得低头认输。

活学活用

人的一生，都是在不停地学习。这个学习包括两个方面：一种是学习文化知识，如学生们每天坐在教室里听老师讲课；另一种则是在实践中学习，学习各种技术技巧。学习的效果也可以分成两种：一种是潜移默化式的，另一种就是立竿见影式的——我们把这一种叫作活学活用。幽默技巧中也有一种方式叫作活学活用式的幽默。

活学活用式的幽默是指在学习别人的做法时，立刻理解并掌握别人的方法，然后将这种方法运用到自己的实践中来，现学现用。

一次，小王向邻居借了一笔钱，借钱的时候，说好一个月后归还。一个月后，邻居向他要钱，他故作惊讶地说："我没有借你的钱呀！"邻居看了看他说："你忘了吗？上个月的时候，你向我借的。"

小王故作惊讶地说："对，的确上个月我借了你的钱，但是，你应该知道，哲学上讲'一切皆流，一切皆变'。现在的我已不是上个月向你借钱的我了，你怎么叫现在的我为过去的我还钱呢？"

邻居气得一时无言以对，他回到家里，想了一会儿，拿了一根木棍，跑到小王家里狠狠地把小王痛打了一顿。小王抱着头气势汹汹地叫道："你打人了，我要到法庭去告你，等着瞧吧。"邻居放下木棍，笑嘻嘻地对小王说："你去告吧，你刚才不是说'一切皆流，一切皆变'吗？现在的我，早已不是刚才打你的我了，你确实要去告，就告刚才打你的那个我吧。"小王听了，无话可说，被痛打一顿，也只好自认倒霉了。

一个吝啬的老板叫仆人去买酒，却没有给他钱，仆人问："先生，没有钱怎么买酒？"

老板说："用钱去买酒，这是谁都能办到的，如果不花钱买酒，那才是有能耐的人。"

一会儿，仆人提着空瓶回来了。老板十分恼火，责骂道："你让我喝什么？"

仆人不慌不忙地回答："从有酒的瓶里喝到酒，这是谁都能办到的。如果能从空瓶里喝到酒，那才是真正有能耐的人。"

不花钱买酒与空瓶里喝酒一类比，其内在就出现了针锋相对的矛盾，谐趣顿生。仆人"现炒现卖"的学习灵性，表现出了他非凡的智慧。

球王贝利向足球爱好者们赠送过各式各样的礼物，像明信片、手帕、袜子、护腿、球鞋、球衣等，甚至有几次他被球迷团团围住，不得不剪下头发相赠。

在一次比赛之后，有个足球俱乐部的老板挤到贝利跟前，竟然向贝利要"几滴血"，他央求贝利道："请给我几滴血吧，我要把您的血输到我的球队的中锋身上，这样会大大增强他们比赛的意志。"

贝利风趣地答道："先生您能不能送我几滴血呢？那样就能大大增加我的财气啦！"

输贝利的血能增强比赛的意志，那么输老板的血自然也就应该能增加财气啦！只要前者能够成立，那么后者也应该能够成立！看来贝利不仅是球王，而且还很有"学以致用"的幽默精神。

活学活用式的幽默同别的幽默技巧，如以谬还谬，仿造仿拟式的幽默有共通相似的地方，也有不同的地方。活学活用式的幽默关键在于要尽快学习掌握对方的方式方法，深刻地理解对方的意图。然后就是马上学以致用，将学到的方式方法尽快投入使用。在这一使用过程中，要注意应巧妙地置换条件，否则按照正常的方式去理解，则没有幽默可言了。幽默的力量只有突破常规才能显示出来。

拿自己开玩笑

如果你有风趣的思想，轻松地面对自己，你便会发现自己可以原原本本地接受自己的身高、体重或其他身体特征；你也会发现幽默能帮你以新的眼光去看你对经济的忧虑。也许你无法得到真诚的爱，但是你能使你的人际关系充满温暖和谐——与人分享欢乐，甚至和仅仅有一面之缘的人也会有很好的关系。

"醉翁之意不在酒。"自嘲同样是这个道理，有着独到的表达功能以及实用价值。

长篇小说《围城》重版，《谈艺录》与《管锥编》问世之后，钱钟书的名声日盛，求访者越来越多，钱钟书有不愿意接受访问的脾气。有一天，有一个英国女士打电话给他，要求拜访，钱钟书在电话里说：

"如果你吃了一个鸡蛋感觉很好，又何必认识那只下蛋的母鸡呢？"

在这里钱钟书自比"母鸡"，虽然是有意贬低自己，但却是在说英国女士没有必要来拜访他。

美国著名的律师乔特是最善于讲关于自己笑话的人。有一次，哥伦比亚大学的校长蒲特勒在请他做演讲时，曾极力称赞他，说他是"我们的第一国民"。

这实在是一个卖弄自己的绝好机会。他可以自傲地站起来，一副得意扬扬的神气，仿佛是要对听众说："你们看，第一国民要对你们演讲了。"

但是聪明的乔特并没有如此。他似乎对这种称赞充耳不闻，却转而调侃自己的"无知"。这种自嘲很快博得了听众的好感。

他说："你们的校长刚才偶然说了一个词，我有点听不太懂。他说什么'第一国民'，我想他一定是指莎士比亚戏剧里的什么国民。我想，你们的校长一定是个莎士比亚专家，研究莎士比亚很有心得，当时他一定是想到莎士比亚了。诸位都知道，在莎氏的许多戏剧中，'国民'不过是舞台的装饰品，如第一国民、第二国民、第三国民等。每个国民都很少说话，就是说那一点点话，也说得不太好。他们彼此都差不多，就是把各个国民的号数彼此调换，别人也根本看不出有什么分别的。"

这实在是一种非常聪明的方法，它使自己与听众居于同等的地位，拉近了自己与听众的距离。他不想停留在蒲特勒所抬举的那种高高在上的地位上。如果他换一种说法，用庄重一点的言辞，如"你们校长称我为第一国民，他的意思不过是说我是舞台上的一个无用的装饰品而已。"虽然表达的意思是一样的，但是绝对不能把那种礼节性的赞词变为一种轻松的笑话，也绝对不会取得那样的效果。

无论是在一帮很好的朋友中，还是在一大群听众中，能够想出一些关于自己的笑话，能够适当地自嘲，是赢得别人尊敬与理解的重要方法，远远要比开别人玩笑重要得多。拿自己开开玩笑，可以使我们对世事抱有一种健全的态度，因为如果我们能与别人平等地相待，就可以为自己赢得不少的朋友。相反，如果我们为显示自己是怎样地聪明，而拿别人开玩笑，以牺牲别人来抬高自己，那我们一生一世也难以交到一个朋友，更不用说距离成功有多遥远了。

成功的人士从不试图掩饰自己的弱点，相反，有时他们会拿自己的弱点开开玩笑。而现实生活中，我们却经常可以遇到一些专喜欢遮掩自己弱点的人，他们也许脸上有些缺陷，也许所受教育太少，也许举止粗鲁，他们总要想出方法来掩饰，不让别人知道。但这样做以后，他们却于无形中背弃了诚恳的态度，毫无疑问，与之交往的朋友会对他们形成一种不诚恳的印象，使人们不敢再与他交往。

世界上最不幸的就是那些既缺乏机智又不诚恳的人。很多人常常自以为很幽默，经常喜欢拿别人开玩笑，处处表现出小聪明，结果弄得与他交往的人不敢再信任他，以前的朋友也会敬而远之，纷纷躲避。

声东击西的幽默法

声东击西法，是一种更加含蓄迂回的幽默技巧。意在向东而先向西，欲要进击先后退。在利用幽默的语言来回击或反驳一些错误观点的时候，这种技巧的运用特别有力。

但是，声东击西法要取得好的效果，取决于听众的静心默思，反复品味。听众在听完话之后，必须有个回味的时间，才能体会出个中的奥秘，产生幽默风趣的情绪。

阿凡提是一个智者，而且他还是个大幽默家。他的话多属于声东击西法的典型，而且显得十分幽默。

声东击西法在不少场合都可以见到：明是说罪，暗里摆功；明是说愚，暗里表忠；明说张三，实指李四；欲东而西，欲是而非；敲山震虎，指桑骂槐，含沙射影等，都属于这一类。

有一客人见主人招待他没有菜肴，便跟主人要来副眼镜，说视力不好使，带上眼镜后，大谢主人，称赞主人太破费，弄这么多菜，主人道："没什么菜呀？怎么说太破费？"客曰："满桌都是，为何还说没有？"主人曰："菜在哪里？"客指盘内曰："这不是菜，难道是肉不成？"

此则笑话一波三折，客人嘲讽主人，手段高明，令人叫绝。话说出了口，又能置身事外。

指桑骂槐也是声东击西幽默法的一种，也就是明骂桑而实骂槐，运用此法既可达到己方目的，又不授人以柄，避免了正面冲突。此法的技巧主要表现在应对语的选择上，要让"槐"听明白是骂"槐"，但又抓不住把柄，叫对方"哑巴吃黄连，有苦说不出"。

人类的语言非常奇妙，它的功能变化万千。同样一个词语，只要换一种语言环境，意思和味道就很不一样了。不懂得这门道的人，是很难利用语言的这种灵活性来开拓他的幽默途径的。

指着槐树骂槐树，不可能幽默；指着桑树而实际上骂了槐树，才有可能幽默。指桑骂槐法就是利用一种特殊的语言环境，把词语的针对性转向谈话对方，从而产生幽默的效果。

魏晋时，谢石打算隐居山林，奈何父命难违，不得已在醒公手下做司马。一次，有人送醒公草药，其中有一味名叫远志。醒公问谢石："这药又叫作小草，为什么同是一物而有两个名称？"

谢石一时答不上来，郝隆当时在座，应声说道："这很好解释，隐于山林的就叫远志，出山就叫小草了。"

谢石听到此处，满脸愧色。

魏晋时人们崇尚回归自然，并不以官宦为荣，隐居山林，过闲云野鹤似的生活是非常时髦的举动。郝隆这里正是指桑骂槐，表面上解释的是草药的名称，实质上是嘲讽谢石，而谢石即使想反攻也无从下手。

指桑骂槐的特点就在于巧妙地利用词语的多义性或双关性等特点来做文章。说话者说出的话语，从字面上的意思看似乎并不是直接针对对方，但话语中却暗含了攻击对方的深层意思，使对方虽有觉察却又抓不住把柄，只好哑巴吃黄连，自认倒霉。

从前，有个瞎子被无辜地牵涉到一场官司中，升堂审判时，他对县太爷说："我是一个瞎子。"

县官一听，立刻厉声责问："混账！看你好好的一只清白眼，怎么说没有眼睛？"

瞎子接过县官的话说："我虽然有眼睛，老爷看小人是清白，小人看老爷却是糊涂的。"

这里，盲人采用的就是指桑骂槐法。他所说的"清白"和"糊涂"，实际上是利用一词多义的现象而造成的一语双关的修辞效果，从而达到了"指桑骂槐"的目的。

表面上看，他说的"清白"是指盲人的眼睛是清白眼，而实际上却是暗指人自身是清白无辜的。"糊涂"一词，貌似指盲人因眼睛看不清县官，但实际上却是说县官说话做事糊涂，是个糊涂昏官。所以，整句话的表面意思是"小人看不清老爷"，而实际上却是"我看老爷是个糊涂官"。

这两句话从形式上看是"指桑"，即回答老爷的问话，从内容看却是"骂槐"，即暗中讥骂昏官。盲人巧妙利用指桑骂槐法，痛快淋漓地嘲讽了昏官，又使县官抓不住什么把柄。

归谬法

归谬法，归根结底是将对方的观点归结到荒谬的程度，从而显现其荒谬性，与此同时，就产生了幽默。这在中国古代口才中，经常可以见到。

一天，有个佛教徒正在当众宣讲"轮回报应"的教义，他说为什么人不能杀生，因为今生杀了什么生物，作下了孽，来世就变成什么生物。比如，你杀了牛，来世就变牛；杀了猪，来世就变猪；即使杀了蝼蛄、蚂蚁，来世也会变成蝼蛄、蚂蚁。

正当他讲得起劲的时候，有位姓许的先生插话说："照你的说法，大家都杀人好了！"

"胡说，我们佛门弟子连蝼蚁的性命都不肯伤害，怎么能杀人呢？"

许先生说："不对，你刚才说杀什么变什么，杀牛变牛，杀猪变猪，如果这种说法是对的，那么只有杀人，来世才能变人。这不是号召大家杀人吗？"

从"杀什么变什么"到"杀人变人"，十分幽默，也十分雄辩。

又如，古代，有个叫徐雅的读书人，非常爱护树木。一天，他看见邻居正挥动着大斧，砍伐院内一棵枝叶茂盛的大桂树，忙上前阻止说："这棵树长得这么好，您为什么要砍掉它呢？"

邻居叹息道："我这院子四四方方，院中有这么一棵树，正好是个'困'字，我怕不吉利，所以才忍心砍去。"

徐雅听后笑道："依照您的讲法，砍去这棵树后，院中只留下人，这岂不成了囚犯的'囚'字，不是更不吉利了吗？"

邻居听了连连点头称是，·收起斧子再也不砍树了。

"囚"比"困"更不吉利，从而使追求吉利的邻居幡然醒悟。

再如，《列子》中记载了下面一个故事。

齐国有一位姓田的大贵族，家里食客千人，异常阔绰。

有一天，田家大摆筵宴，客人中有献上鱼和雁作为礼物的。主人看了很高兴，并感慨地说："上天对我们真优厚啊！你看，这些鱼儿、雁儿，不都是为着我们的口腹享受而生的吗？"客人们听了，点头附和着。

座中有一位鲍家的孩子，才只有 13 岁，站起来说："我不同意你这种说法。人也是天地万物中的一个种类，由于大小智力的不同，生物界有弱肉强食的情况，但并没有什么由上天注定谁为谁生的道理。

人类选择可吃的东西做食品，这些东西难道是上天特意为人类创造的？正如蚊子吸人的血，虎狼吃人的肉，也是上天特意要生出人来给它们做食品的吗？"

"上天特意要生出人来给它们做食品的"，这显然是荒谬的，13岁的孩子，比主人的见识还高！

连锁归谬法是归谬法的经典展现，利用连锁反应"一是百是，一非百非"的特点，推出荒唐的结论。我们通常用"连锁反应"一词来表示一事物发展过程中呈现出的严格因果联系，其实在幽默的具体应用中往往也有相同的情况。然而，简单而一般的因果推理并不见得就有出其不意的幽默功能，为了将幽默的主题不断推向高潮，强化幽默的效果，还必须将连锁推理与归谬法有机地结合起来，归谬是就推理的结果而言的。在具体推理过程中用连锁法，在最后结论上用归谬法，就是这里所说的连锁归谬法的基本程序。

东汉哲学家王充，和一些有迷信思想的人发生过一场辩论。有人说："人死了，人的灵魂就变成了鬼，鬼的样子和穿戴跟人活着的时候一模一样。"

王充反驳道："你们说一个人死了，他的灵魂能变成鬼，难道他穿的衣服也有灵魂，也变成了鬼吗？照你们的说法，衣服是没有精神的，不会变成鬼，如果真的看见了鬼，那它该是赤身裸体，一丝不挂才对，怎么还穿着衣服呢？并且，从古到今，不知几千年了，死去的人比现在活着的人不知多多少。如果人死了就变成鬼，就应该看到几百万、几千万的鬼，满屋子、满院子都是，连大街小巷都挤满了鬼。可是，有几个人见过鬼呢？那些见过的，也说只见过一两个，他们的说法是自相矛盾的。"

有人辩解说："哪有死了都变成鬼的？只有死的时候心里有怨气、精神没散掉的，才能变成鬼。古书上不是记载过，春秋时候，吴王夫差把伍子胥放在锅里煮了，又扔到江里。伍子胥含冤而死，心里有怨气，变成了鬼，所以年年秋天掀起潮水，发泄他的愤怒，可厉害呐，怎么能说没有鬼呢？"

王充说："伍子胥的仇人是吴王夫差。吴国早就灭亡了，吴王夫差也早就死了，伍子胥还跟做作冤家，生谁的气呢？伍子胥如果真的变成了鬼，有掀起大潮的力量，那么他在大锅里的时候，为什么不把掀起大潮的劲儿使出来，把那一锅滚水泼在吴王夫差的身上呢？"

王充在这里反驳论敌时就是使用了条件归谬式。他先假设论敌的观点是正确的，由此推出了一系列的荒谬结论，这就给了论敌当头一棒，使他们张口结舌，哑口无言。

归谬法幽默不仅可以用来批判错误观点，也可以用来教育学生。

某小学一位语文老师拿着一沓作文本走进教室，进行作文评讲。作文题目是《记一件好事》，结果全班50个同学中，有40个同学分别写的是救了一个落水的小孩。这位语文老师决定要学生重做一篇作文，他是这样对学生说的："同学们，这次作文写得好不好呢？我先不下结论，下面先请大家算一道算术题。一个班级50个学生，有40个学生分别救起一个落水小孩，按这个比例，全校1300个学生一共救了多少落水小孩？全国两亿学生一共救起多少落水小孩？"

全班学生哄堂大笑起来！许多学生异口同声地说："老师，让我们重新写一篇真实的！"

这个带有启发性质的归谬法幽默，教育效果是如此之高，学生们异口同声地主动要求重写作文，从另一个侧面展现了归谬法幽默的魅力。

在运用归谬法的时候，所引申出来的谬论要求越荒谬越好，越荒谬幽默色彩就越强烈。

19世纪末，伦琴射线发现者收到一封信，写信者说他胸中残留着一颗子弹，须用射线治疗。他请伦琴寄一些伦琴射线和一份说明书给他。

伦琴射线是绝对无法邮寄的，如果伦琴直接指出这个人的错误，并无不可，但多少有一点居高临下的教育的意味，伦琴采用了以谬还谬法。

伦琴提笔写信道："请把你的胸腔寄来吧！"

由于邮寄胸腔比邮寄射线更为荒谬，也就更易传达伦琴的幽默感。

这样的回答是给对方留下了余地，避开了正面交锋的风险。在家庭生活中、社会交际中，针锋相对的争执常引起不良的后果，而以谬还谬的幽默，把一触即发的矛盾缓和了。

歪解幽默法

什么事都有一个"理"，"理"的存在为人们司空见惯，如果擅自改变事物的前后关系、因果关系、主次关系、大小关系，"理"就会走上歪道，有时歪得越远，谐趣越浓。

下面的例子是最好的说明。

一个乞丐常常得到一位好心青年的施舍。一天，乞丐对这个青年说："先生，我向你请教一个问题。两年前，你每次都给我10块钱，去年减为5块，现在只给我一块，这是为什么？"

青年回答："两年前我是一个单身汉，去年我结了婚，今年又添了小孩，为了家用，我只好节省自己的开支。"

乞丐严肃地说："你怎么可以拿我的钱去养活你家的人呢？"

乞丐喧宾夺主，对青年的责怪过于离谱、荒谬，令人们在吃惊之余哑然失笑。

故意对某些词句的意思进行歪曲的解释，以满足一定的语言交际需要，造成幽默风趣的言语特色，叫人忍俊不禁，从而营造轻松愉快的谈话气氛，更好地协调人际关系。

有一年，在一次座谈会上，有几位同志为鬼戏鸣不平，说是神戏上演了，所谓妖戏也上了舞台，唯独未见鬼戏登台。一位同志脱口而出："这叫作'神出鬼没'。"

这位同志对成语"神出鬼没"进行了曲解。作为成语，"神出鬼没"中"出没无常，不可捉摸"的意思，在这里却曲解为"神（仙戏）出（现了），鬼（戏还）没（有上舞台）"。

词语有它固定的含义，绝大多数不能按其字面的意思来机械解释，而曲解词语法却偏偏"顾名思义"，突破人们固定的思路或者说跳开常理，从而产生幽默感。

静态的词语大多是多义的，但是在一定的语境之下使用就转为动态了。动态词语一般是单义，曲解词语法就是利用语言的多义性，即明知是甲义，偏理解为乙义，有意混淆它们，以求产生幽默的效果。

166　　　　　　　　　　　　　　　●演讲与口才知识

日常交谈，轻松说服对方

问话热身，消除冷状态

第一次见面，不管出于怎样的目的，总希望尽可能多地了解对方，一个又一个的问题就这样问了出来。殊不知，这样的问话方式会给对方造成不适之感，对你本就不熟悉的另一方，戒心会更重。最开始问话的一方往往觉察不到这种迹象，直到对方表现出明显的回避与提防的情形时，问话方才不得不就自己的问话做一番解释。于是疑云消散，双方的交谈才逐渐融洽。但是，如果在对话的最开始就先讲明自己询问某些事的原因，交流的效果是不是会更好呢？

小超是动漫爱好者，最近又迷上飞机模型的制作，经人介绍认识了一个叫赵彦的模型高手，两人一见面就谈了起来。

小超："听说你是这方面的行家？"

赵彦："也不算吧，只是喜欢玩而已。"

小超："你做这个多少年了？听说这行里的有些人很神秘，之前都是专门做飞机的？飞机的原理是不是很复杂？有没有什么有意思的事透露一下？"

听了小超的这几句话，赵彦的面部表情突然严峻了起来。

"你问这些干什么？我不知道。"

感到对方有明显的抵触心理，小超连忙说道：

"不好意思，我解释一下，我之所以问你飞机原理的事，是因为我最近在学着做飞机模型，我朋友没跟你说？"

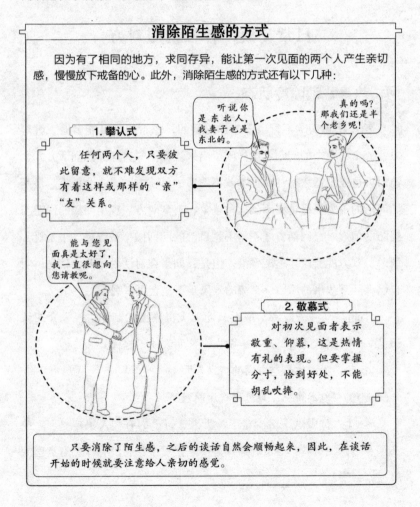

消除陌生感的方式

因为有了相同的地方，求同存异，能让第一次见面的两个人产生亲切感，慢慢放下戒备的心。此外，消除陌生感的方式还有以下几种：

1. 攀认式

任何两个人，只要彼此留意，就不难发现双方有着这样或那样的"亲""友"关系。

听说你是东北人，我妻子也是东北的。

真的吗？那我们还是半个老乡呢！

能与您见面真是太好了，我一直很想向您请教呢。

2. 敬慕式

对初次见面者表示敬重、仰慕，这是热情有礼的表现。但要掌握分寸，恰到好处，不能胡乱吹捧。

只要消除了陌生感，之后的谈话自然会顺畅起来，因此，在谈话开始的时候就要注意给人亲切的感觉。

● 演讲与口才知识

赵彦摇摇头："他只说你想认识我一下，没说具体是什么原因。"

"噢，那就是我的不对了，我应该提前告诉你我那么问的原因的。除了飞机原理，我还想知道咱们国内制作飞机模型的整个状况，经费啊，材料源啊等，毕竟我刚接触这个，这方面的知识还非常缺乏，可以吗？"

"当然可以啊。你一解释我就明白了，不然一见面就问我飞机原理什么的，我以为你是间谍呢。"

"哈哈，我的错，我的错。"

小超就犯了只顾问而没有解释的错误。他的问题让对方疑虑重重，甚至因为问题的敏感怀疑他是间谍。因为有这样的想法，对方的心就会关闭得更严，而交流自然无法畅通。在这个过程中，对方还是一副戒备心，没有把小超当真正的朋友，而小超那样问，也是没读懂对方的表现。

不熟悉的人相见，认知总需要一个过程，切不可因为想急切了解某些问题而忽视了思想"互通有无"的过程。简言之，就是让对方对你跟他对话的目的有个大概的了解，让他心中有数，他才会对你的问题予以解答。

小超从一开始就问，到后来对问话予以解释，就是感觉到了对方内心的变化：由陌生到抵触，不解释可能更加防备，这样发展下去的后果很可能是不欢而散。小超热情四溢，对方却一直冰冷状态。

因此，生活中，当我们与某人第一次见面时，不管有多想了解对方，一定不能忽视问话禁语的问题，要耐下心来慢慢诉说。尤其要注意的是，在一些需要解释的问题之前做出必要的解释，跟对方说明自己这样问的意图。这样才能让他最大限度地敞开心扉说出自己的想法，你也会更加了解这个人。

一个严冬的夜晚，两个人初次见面。

对话一：

"今天好冷啊。"

"是啊。"

"……"

"……"

对话二：

"今晚好冷！像我这种南方人，尽管在这里住了几年，但对这种天气还是难以适应，你感觉怎么样？"

"是啊，我父母虽然是北方人，但我也是从小在南方长大的，在这里也还是不适应。"

"你也是南方的？你是南方哪儿的？"

"我是南方……"

以上两段对话均来自两个陌生人初次见面的情景。在第一段对话里，两人见面说的第一段话非常普通："今天好冷啊""是啊"。从字面上就能判断出双方的聊天能力一般。

第二段对话则不同。第一个人见面就说自己是在南方长大的，对北方这种寒冷的天气很不适应，然后又问对方感觉怎么样。对方虽不是纯正的南方人，但也是在南方长大的，因此，两个人有共同话题，你来我往间，彼此就会越来越融洽。

从第二段的对话中可以分析到，尽管见面的两人一个是纯正的南方人，另一个只是从小在南方成长，父母是北方的。两者虽有差异，但主动问话者故意忽略了这种差异，只强调双方的相似性：都在南方有一段成长经历，对北方寒冷的冬季极不适应。因为有了相似的经历，话题才会越来越多。

从心理学上讲，人往往会因为彼此间相似的秉性或者经历走到一起，在认同和被认同的过程中，慢慢由陌生变得熟悉。没有人希望与自己对话的那个人是个和自己没有丝毫相同点的人，那样的话，两人很难有聊得来的话题。甚至，有可能爆发矛盾冲突，这也就是第二段的问话人求同存异的原因。

锲而不舍，由浅及深问到底

在某些沉闷的环境里，没有人愿意开口跟陌生人说一句话，那是出于一种防备心理，在这种时候，该怎么办呢？你也要一直沉闷下去吗？

假如你正坐在火车上，已经坐了很久，而前面还有很长很长的路程。你想与他人讲讲话，这是人类的群体性在作祟，而你要尽力使你的谈话显得有趣和富有刺激性。

坐在你旁边的像是一个有趣的家伙，而你颇想知道他的底细，于是你便搭讪道：

"对不起，你有纸巾吗？"

可是他一句话也不讲，只是点点头，从口袋里掏出一包纸巾递给你。你点了一支烟，在还给他纸巾时说了声"谢谢"，他又点了点头，然后把纸巾放进了口袋里。

你继续说："真是一段又长又讨厌的旅程，你是否也有这种感觉？"

"是的，真讨厌。"他回答着，而且语气中包含着不耐烦。

"若看看一路上的稻田，倒会使人高兴起来。在稻谷收获之前的一两个月，那一定更有趣吧？"

"唔，唔！"他含糊地答应着。

这时，如果你再也没有勇气问下去，你们的谈话就会到此为止，沉默就会继续。但如果你不再只是问一些表面问题，而是换一个稍微深入的，能引起他兴趣的话题，对方可能就不再沉默了。

"今天天气真好啊，真适合踢球。今年秋天有好几个大学的球队都很出色，你对这件事有关注吗？"

这时，那位坐在你身旁的乘客直起身来。

"你看理工大学球队怎么样？"他问。

"理工大学球队很好，虽然有几个老将已经离队，但那几位新人都很不错。对这个球队你也关注？"

"嗯，是的，你听说过一个叫李小宁的队员吗？"他急着问。

或许李小宁这个人你听说过，或许没听说过。这都不是关键，关键是李小宁这个人能引发对方的谈话兴趣。你就可以顺着他的话说："他是一个强壮有力、有技巧，而且品行很好的青年。理工大学球队如果少了这位球员，恐怕实力将会大减。但是李小宁毕业了，以后这个队如何还很难说。怎么，你认识他？"

这位乘客听了这话便兴高采烈、滔滔不绝地谈了起来。

可见，人与人相遇，并不是无话可聊，而是没有找到适合双方的话题。这样的话题常常需要一个试探的过程，而要想经历这个过程，就要有锲而不舍的精神，不能因为一两次的受阻就不再问下去。问得越深、越广、范围越大，就可能找到尽可能多的谈资。挖掘到对方最感兴趣的话题，让原本陌生的两个人逐渐熟悉起来，谈话气氛也会变得融洽。

请求式问话：以温和开头

老板就是老板，希望什么事情都由自己决定。作为下属，向老板提要求的时候，应该用商量的口吻去寻求他的意见，这里面的问话技巧就更有学问。

小侯是一家化工公司的财务人员，整天坐在办公室与数字打交道，这与他所学的专业不合。小侯觉得挺没意思，也不是他的兴趣所在，因此，想换个环境，发挥自己的特长。于是在一天上午，他瞄准老板一人在办公室没事干，敲门走了进去。

老板见他进来，知道他肯定有事情，示意他坐下后，问道："小侯，有什么事吗？"

"经理，我有个小小的要求，不知您是否会答应？"他微笑着看着经理。

"什么要求？说说看！"

"我……我想换个环境，想到外面跑跑，可以吗？"

"可你对业务不熟，你想跑什么呢？"经理面有难色。

"业务不熟我可以慢慢熟悉。如果经理能给我这个机会的话，我会好好珍惜，一定不会让您失望。"

听小侯这么一说，经理脸色缓和了许多，问道："你具体想去哪个部门呢？"

"您认为我去公关部合不合适？"经理皱了一下眉，"你原来做财务工作，现在去跑公关……"

"经理，是这样的，我有些朋友在媒体工作，我通过他们的关系，可以为公司的宣传出一份力，这样，对公司不是更好吗？"

经理想了想说："那你先试试吧，小侯，我可是要见你的成绩啊。"

"谢谢经理给我这次机会，我一定好好干！"

于是，小侯成功地被调到了公关部，而且工作成绩还相当不错。

当新人向老板提要求时，怎样的问话才能打动他的心？

小侯是个聪明人，当他想调动部门的时候，没有蛮横地向老板提出自己的需求，而是用慢条斯理的语言，用请求和商量的口吻对其说出自己的诉求。

这样的问话让对方备受尊敬，也能让他感受到对方的谦和与恭敬，更重要的是，这样的话让他觉得：对方是在和我商量一件事，而不是命令或要求什么。有了这种心理，上司就更能够接受下属提出的建议。

当经理对小侯调换部门的想法提出质疑的时候，他说出自己有些朋友在媒体工作的事情，对公司工作有利。知道这样的情况，老板的内心就起了变化：最开始被询问能否调动工作的时候是一副不情愿的状态，也不信任对方能够干好。当听说对方的朋友在媒体，对公司日后的宣传有利无弊后，就爽快地答应了对方的请求。

试想一下，如果小侯没有说出有朋友在媒体工作这一有利条件，纵使问得再迫切，老板可能也无法答应他的要求。可见，向老板询问

● 演讲与口才知识

相关情况的时候，要知道对方需要什么，适时地提供出来，才能打动他。当然，这一过程中的态度非常重要。

在平时的工作中，如想向上层提意见或要求，还可以运用这样的问话：

"老板，我有个想法，能跟您汇报一下吗？"

"经理，有时间吗？有件事想跟您商量一下，可以吗？"

以温和的方式开头，接下来的事情会好办很多。

说服从"心"开始

日本有一个这样的故事。真田广之为已过世的父亲守灵。他的老家离东京很远，即使坐电车也要花3个钟头时间。而且那时的电车还不像现在这样每一小时发一班车，所以可以说交通很不方便。当时他心想："外地的亲戚朋友是不可能前来凭吊的了。"但出乎意料的是，在整个晚上都没有任何一个亲属到来的情况下，一个女子突然出现在他的面前。

"田中小姐，你怎么来了……"当时真田简直感动得难以言表，因为她不过是他的一名同事而已，真难以想象她会在下班之后，搭乘电车赶到他的老家来。况且当时天色已经很晚，她又不太认得路，肯定是挨家挨户询问才找到他家的。"你经常来这里？"

"不，今天是第一次，我只是想来凭吊一番……"

"太谢谢你了，太谢谢你了！"真田简直感动得不知道该说什么才好，心里只是觉得她是个多么好的同事啊！这位同事的确拥有很好的人际关系，在公司里，不论男女都是这么认为的。她得到了大家的信任，只要是她说的话，大家都认为不会错，而且也愿意按照她说的去做。这同时也表示，她是个说服力极强的人。

经过那晚的谈话，真田明白了她之所以说服力极强的秘密。也就是她总是能以情动人，而说服别人按照自己的意图去办事的秘诀就在于攻心。平时别人遇到什么麻烦，田中小姐总是会伸出援助之手，这令所有人都为之感动。先得了人心，别人自然会心甘情愿听她的话。

可能平时我们没有太多时间和精力去助人为乐，但该事例告诉了我们一个关键信息，就是说服他人的核心点在于征服他人的内心，使对方在情感上有所共鸣。

文学家李密，在蜀汉时担任过尚书郎的官职，蜀汉灭亡后，居家不出。晋武帝知道他有才干，便下诏命他进朝为太子洗马，但李密拒绝了。为此，晋武帝大怒。在这种情况下，李密写了一封信给晋武帝。

"……我想圣明的晋朝是以孝来治理天下的，凡是老年之人，都得到朝廷的怜恤和照顾，何况我祖孙孤零困苦情况特别严重。

"我年轻的时候在蜀汉朝做官，任职郎中，本来就希望仕途显达，并不矜持名声节操。现在我是败亡之国的低贱俘虏，身份卑微的人，受到过分的提拔，宠幸的委命，已经非常优厚，哪里还敢迟疑徘徊，有更高的渴求呢？

"只是因为我祖母刘氏如西山落日，已经是气息短促，生命不长。我如没有祖母的抚育，就难以有今日。祖母如失去了我的奉养，也就无法多度余日。祖孙二人，相依为命，因此我实在不能抛开祖母离家远行。

"微臣李密今年 44 岁，祖母刘氏今年 96 岁。这样，我为陛下尽忠效力的日子还长，而报答祖母的养育之恩的日子短呀！故此我以这种乌鸦反哺的私衷，乞求陛下准允我为祖母养老送终。

"恳请陛下怜恤我的一片愚诚，慨允我微小的志愿，使祖母刘氏可以侥幸保其晚年，我活着也将以生命奉献陛下，死后也要结草图报。臣内心怀着难以承受的惶恐，特地作此书，奏闻圣上。"

这就是流传百世的《陈情表》。将心比心，以情说理，李密在柔言细语中陈述自己的处境。武帝颇为感动，心头怒火也自然平息了，赐给李密奴婢二人，并令郡县供养其祖母。

杰克·凯维是加利福尼亚州一家电气公司的一位科长，他一向知人善任，并且每当推行一项计划时，总是不遗余力地率先做榜样，将最困难的工作承揽在自己的身上，等到一切都上了轨道之后，他才将工作交给下属，而自己退居幕后。虽然，他这种处理事情的方法是很好的，但他太喜欢为他人表率，所以常常让人觉得他似乎太骄傲了。

最近不知怎么回事，一向神采奕奕的凯维却显得无精打采。原来最近的经济极不景气，资金方面周转不灵，再加上预算又被削减，使得科里的运转差点停顿。凯维看这种情形若继续下去，后果一定不可收拾。于是他实施了一套新方案，并且鼓励职工："好好干吧！成功之后一定不会亏待你们的。"但没想到眼看就要达到目标，结果还是功亏一篑，也难怪他会意志消沉了。平日对凯维就极为照顾的经理看了这些情形后，便对他说："你最近看起来总是无精打采的，失败的挫折感我当然能够理解，但是我觉得你之所以会失败，乃是因为你只是一味地注意该如何实现目标，却忽略了人际关系这种软体的工程，如果你能多方考虑，并多为他人着想，这种问题一定能够迎刃而解。"经理停顿了一下，又接着说，"大丈夫要能屈能伸，才是一个好的管理人员。我觉得你就是进取心太急切了，又总喜欢为职工做表率，而完全不考虑他们的立场，认为他们一定能如你所愿地完成工作，结果倒给了职工极大的心理压力。大概也就是这个缘故，大家都说你虽能干，但你的部属却很为难。每个人当然都知道工作的重要性，所以你实在大可不必再给他们施加压力。你好好休息几天，让精神恢复过来，至于工作方面，我会帮助你的。"

杰克·凯维的一段亲身经历让我们知道，必须站在别人的立场，将心比心才能真正达到说服对方的目的，否则，再多的自信和能力也无法让别人服从你。会打棒球的人都知道，当我们要接球时，应顺着球势慢慢后退，这样的话球劲便会减弱，与此相似，我们在说服他人的时候，如果能将接棒球的那一套运用过来，相信说服会变得更容易。

软硬兼施，恩威并重

暴力与怀柔，两者分开来用，人人都可以将其发挥到极致，然而这样效果往往不好，如果将两者结合起来，双管齐下，则会取得极佳的效果。

张嘉言驻守广州时，沿海一带设有总兵、参将、游击等官职。总兵、参将部下各有数千名士兵，每天的军粮都要平均分为两份。

参将的士兵每年汛期都要出海巡逻，而总兵所管辖的士兵都借口驻守海防，从来不远行。等到每过三五年要修船不出海时，参将部下的士兵只发给军粮的一半，如果没有船修而不出海，就要每天减去军粮的 1/3，以贮存起来待修船时再用。只有总兵的部下军粮一点也不减，当修船时另外再从民间筹集经费。这种做法已沿袭很久，彼此都视为理所当然。

　　不料，有一天，巡按将此事报告了军门，请求以后将总兵部下的军粮减少一些，留待以后准备修船时再用。恰巧，这位军门和总兵之间有矛盾，于是就仓促同意削减军粮。

　　总兵各部官兵听到消息后，立即哄然哗变，他们知道张嘉言在朝廷中很有威信，就径直围逼到张嘉言的大堂之下。

　　张嘉言神色安然自若，命令手下人传五六个知情者到场，说明事情真相。士兵们蜂拥而上，张嘉言当即将他们喝下堂去，说：

　　"人多嘴杂，一片吵闹声，我怎么能听清你们说些什么。"

　　士兵们这才退下。当时正下大雨，士兵们的衣服都淋湿了，张嘉言也不顾惜，只是叫这几个人将情况详细说明。这几个人你一言我一语，都说过去从来没有扣减总兵官兵军粮的先例。

　　张嘉言说："这件事我也听说了。你们全都不出海巡逻，这也难怪上司削减你们的军粮了。你们要想不减也可以，不过那对你们并没有什么好处。上司从今以后会让你们和参将的士兵一样每年轮换出海巡逻，你们难道能不去吗？如果去了，那么你们也会同他们一样，军粮会被减掉一半。你们费尽心机争取到的东西还是拿不到的，肯定要发给那些来替换你们的士兵。如果是这样，你们为什么不听从上司，将军粮稍微减少一点呢？而你们照样还可以做你们大将军的士兵，你们再认真考虑一下吧！"

这几个人低着头，一时无法对答，只是一个劲地说："求老爷转告上司，多多宽大体恤。"

张嘉言问："你们叫什么名字？"

他们都面面相觑不敢回答。

张嘉言顿时骂道："你们不说姓名，如果上司问我：'谁禀告你的？'让我怎么回答！"

这几个人只好报了自己的姓名，张嘉言一一记下，然后，对他们说：

"你们回去转告各位士兵，这件事我自有处置，劝他们不要闹了。否则，你们几个人的姓名都在我这儿，上司一定会将你们全部斩首。"

这几个人顿时吓得面容失色，连连点头称是，退了出去。

后来，总兵部下的士兵每日被扣军粮银一钱，士兵们竟然再也没有闹事的。张嘉言的这招恩威并施堪称经典。

在说服他人的过程中，采用刚柔相济的劝诫之术，一方面能使别人体面地"退"，另一方面又坚持自己的原则，使自己的主张得到采纳，这种方法使许多事情的处理尚有余地。

太史公司马迁在《史记·滑稽列传》记载：战国时期，齐威王荒淫无度，不理国政，好为长夜之饮。由于上行下效，僚属们也全不干正事了，眼看国家就要灭亡，可是就在这种节骨眼上却没有谁敢去进谏。最后只好由"长不满四尺"的淳于髡出面了。但是淳于髡并没

演讲与口才知识

有气势汹汹、单刀直入地向齐威王提出规谏，而是先和他搭讪聊天。

他对齐威王说："咱们齐国有一只大鸟，落在大王的屋顶上，已经3年了，可是它既不飞，又不叫，大王您知道是什么原因吗？"

齐威王虽然荒淫好酒，但是他本人却不是一个笨伯，和夏桀、商纣一样的坏进骨子里去的人物有着巨大的不同，所以当听到淳于髡的隐语之后，他就被刺痛并醒悟了，于是很快回答说："我知道。这只大鸟它不鸣则已，一鸣就要惊人；不飞则已，一飞即将冲天。你就等着看吧！"

说毕立即停歌罢舞，戒酒上朝，切实清理政务，严肃吏治，接见县令共72人，赏有功1人，杀有罪1人。随后领兵出征，打退要来侵犯齐国的各路诸侯，夺回被别国侵占去的所有国土，齐国很快又强盛起来。

淳于髡并没有以尖锐的语言来进行劝谏，而是避开话锋，柔语细说中又带有一丝强硬与责备，这样对方很容易主动接受建议。

掌握应对抱怨的技巧

沃顿在新泽西州近海的一个百货商店买了一套衣服。几天后，他发现这套衣服已经褪色，并且把他的衬衫染黑了。于是，他决定去百货商店问明原因。

百货商店的一个店员接待了他。当沃顿把事情的原委告诉这个店员的时候，这个店员不耐烦地对他说："我们已经卖出了上千套这样的衣服，为什么你是第一个来挑剔的人呢？"这个店员的声音很大，好像在对沃顿说："你在说谎！你以为我们是好欺负的吗？"

讲话被打断的沃顿顿时十分愤怒，他与这个店员争执了起来。这时候另一个店员插话说："所有黑色的衣服，一开始总是会褪一点色，而且这个价位的衣服都是这样。"

第一个店员怀疑他的诚信，而第二个店员却暗示他买的是次等货，这对他而言是莫大的侮辱。沃顿顿时火冒三丈。他正要大发脾气时，公司的负责人走了过来。

这个负责人诚恳地对沃顿说："先生，我首先为我的店员的粗鲁向你道歉。但是请告诉我，这究竟是怎么回事？"

沃顿大概地说了事情的经过，并且着重强调了这两个店员十分不友好的态度是使他非常生气的原因。在这一过程中，负责人一直微笑地看着他，一句话也不说，并且仔细地倾听他的谈话。可是那两个店员听了后，又要向负责人辩解什么。

那位负责人站在了沃顿的一边，对她们说："这位先生的衬衫领子的确是被我们的衣服染黑的。这种不能令人满意的商品，我们怎么能卖出去呢？"然后他又对沃顿说："先生，我得承认，我起先并不知道这套衣服的质量是如此之差。你认为我们应该怎么做才能使你满意呢？"

本来沃顿打算退衣服的，但是听负责人这么说，就立即打消了退衣服的念头。他对负责人说："我只是想知道，这套衣服以后还会不会褪色？还有，有没有办法可以补救呢？"

负责人建议沃顿把衣服拿回去再穿一个星期试试，看看情形如何。如果他到时还不满意的话，那么百货公司可以给他换货。于是沃顿这么做了。果然，穿了一个星期之后，他的衣服再也没有褪色。他又恢复了对百货公司的信任。

我们发现，在处理沃顿的这件事情上，百货公司的员工主要采取了两种方法，而取得成功的是第二种方法。那位负责人是这么做的：他耐心地倾听了顾客的抱怨，并且从顾客的角度出发，采取了顾客可以接受的处理办法。

我们希望可以找到一个处理抱怨的普遍的方法，以便能够像那位负责人一样从容地应对抱怨。在现实生活中，我们总会遇到各种各样的抱怨：可能来自一个顾客，他投诉我们的商品有问题；可能来自一个朋友，他抱怨自己的事业遭遇了挫折；也有可能来自一个精力旺盛的人，他没什么别的目的，就是想发泄多余的精力。

我们该怎么处理抱怨？实际上，一个人表现出来的抱怨基本上都与要求被尊重有关。即使是火冒三丈的抱怨者，他们也并不在乎你处理抱怨的结果，而只是希望得到被尊重的感觉。基于此，可以按照如下的顺序来处理抱怨：

了解抱怨

卡恩乘坐了比原定班机早一班的飞机，当她到达机场的时候，她发现到处都找不到自己的行李。她猜测自己的行李在后一班飞机上——后来证明事实果然如此。第二天，她打电话给机场中心，想提醒一下他们管理系统出了问题。

"你应该把你的抱怨写出来。"机场的工作人员回答道。

"我是想提醒你们可以改进你们的管理系统。"卡恩解释说。

"我们这里并不处理抱怨，你应该把它写出来。"工作人员继续彬彬有礼地说。

"我没有时间，而且我并不是在抱怨。行李我已经取回来了。我只是想让你们知道，如果班机调整的话，你们的行李系统应该作相应的调整。"卡恩说。

"哦，原来是这么回事。但是我还是帮不了你，你得打电话给机场的管理者。"工作人员回答道。

你同意像这位机场的工作人员一样处理抱怨吗？他看起来好像很礼貌地在处理问题，实际上自始至终都没有弄懂对方想要表达的是什么意思，更加重要的是，他似乎对对方说什么毫不在意。

因此，如果你想妥善地处理抱怨，一定要弄清楚对方在抱怨什么。不管对方态度如何，你都需要了解他所抱怨的究竟是什么。

了解抱怨的前提自然是倾听，也就是听他究竟是怎么说的。然后，在你听到的信息中，分辨出哪些是真实的，哪些是虚假的，以及哪些是感觉。

你需要做其他一些事情配合你的倾听。为了鼓励对方说下去，你最好在对方说的过程中，用真诚的目光注视对方，同时点头表示他说的话有道理（或者你听到了）。如果对方是通过电话与你进行交流的，你需要说一些肯定性的词语如"我明白"之类，来表示你确实已经知道了。你可以问一些你不了解的问题，但是你不要问那些细枝末节的问题，而要问非常重要的问题，因为这类问题是解决纠纷的关键。

给予信息

在听完对方的陈述之后，要负责任地、积极地解决抱怨，或者委托别人解决。千万不要用"请把它写下来""我很忙""这不是我的工作"之类的借口把对方打发走。你应该给人一种十分诚恳的印象。

而对那些必须立即解决的问题，必须马上行动起来，以表示你对抱怨者的意见很重视。

询问对方

一旦确定要处理，你最好询问一下对方再去做。你应当问一问对方，你的解决办法是否令他满意。如果不满意的话，你必须回到第一个步骤，或者听一听他的解决办法。

第十一章
Dishiyizhang

职场洗练，好工作需要好口才

对领导有意见婉转说

面对来自上司的压力，总有一些话如鲠在喉，不吐不快。此时此刻，你将怎么做？不吐不快，绝不意味着要一吐为快，跟上司提意见还是要婉转说。因为他有权力随时开除你。

1. 提意见兼并上司的立场

李先生是一家比较知名外企的总经理助理。他的顶头上司王总搞学术和技术出身，由于工作重点长期落在研究开发领域，因此，对企业管理一知半解。出于对技术的钟情与依恋，王总直接插手技术部门的事，把管理的层级体系搞得乱七八糟，其他部门虽然表面上敢怒不敢言，但私下里无不怨声载道，让李先生与其他部门沟通协调倍感吃力。

经过思考，李先生决定采用兼并策略，向王总建议。

他对王总说，真正意义上的领导权威包含着技术权威和管理权威两个层面，王总的技术权威牢固树立，而管理权威则有些薄弱，亟待加强。王总听后，若有所思。

李先生巧妙地兼并了王总的立场，结果获得了成功。后来，王总果然越来越多地把时间用在人事、营销、财务的管理上，企业的不稳定因素得到控制，公司运营进入了高速发展状态，李先生的各项工作也顺风顺水，渐入佳境。

从李先生的经历，我们可以得到很好的启发：兼并上司的立场，的确不失为向上司提意见的上等策略。首先，它没有排斥上司的观点，而是站在上司的立场上，最终是为了维护上司的权威，出发点是善意良性的；其次，这种策略是一种温和的方式，能够充分照顾上司的自尊，易于被上司接受，效率较高；最后，它需要很强的综合能力，需要很高的社会修养。能够针对不同情况，不断提出有效率的兼

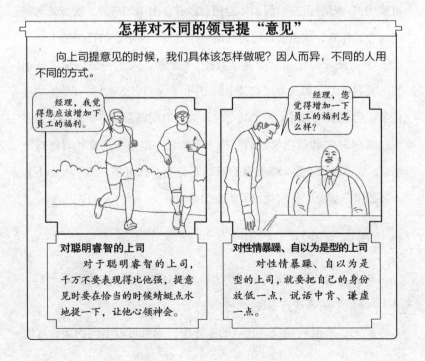

怎样对不同的领导提"意见"

向上司提意见的时候，我们具体该怎样做呢？因人而异，不同的人用不同的方式。

经理，我觉得您应该增加下员工的福利。

经理，您觉得增加一下员工的福利怎么样？

对聪明睿智的上司

对于聪明睿智的上司，千万不要表现得比他强，提意见时要在恰当的时候蜻蜓点水地提一下，让他心领神会。

对性情暴躁、自以为是型的上司

对性情暴躁、自以为是型的上司，就要把自己的身份放低一点，说话中肯、谦虚一点。

并上司立场的意见，并非轻而易举。长期这样做下去，久而久之，自己个人的领导能力亦会迎风而长，甚至来一个飞速提升。

2.注意语气适当，措辞委婉

因为说得过火或过于渲染，涉及领导的尊严与权威，尺度把握不准，搞不好就会有嘲讽、犯上之嫌，被领导误以为心怀不满，另有所指。所以下属一定要注意使自己的口气比较和缓，显示自己的诚恳和尊敬之情。特别是要使领导明确地认识到，你的所作所为都是出于做好工作的动机，是为领导设身处地地着想，而不是针对领导者本人有何不恭的看法。

"要想成功与上司交手，了解他的工作目标和其中的苦衷是极为重要的。"赖斯顿说，"假如你能把自己看作上司的搭档，设身处地替他着想，那么，他也会自然而然地帮你的忙，实现你的理想。"

卡耐基·梅伦大学的商学教授、《金领工人》一书的作者罗伯特·凯利曾引述加利福尼亚某电影公司的一位程序设计员和他上司进行争辩的故事。当时，为了某个软件的价值问题，双方争执得僵持不下。凯利说："我就建议他们互换一下角色，以对方的立场再进行争辩。5分钟以后，他们便发现自己的行为有多么可笑，两个人都不禁大笑起来，接着，很快找出了解决的办法。"

摆正位置不越位

你在自己的职位上为公司出力，而且还要做到不"越位"。

"越位"的表现有多种：

第一，决策的越位。在有的企业中，职员可以参与决策，这时就应该注意，谁作什么样的决策，是要有限制的。有些决策职员可以参与意见，有些决策，职员还是不插言为妙。

第二，表态的越位。表态，是表明人们对某件事的基本态度。表态要同一定的身份密切相关。超越了自己的身份，胡乱地表态，是不负责任的表现，也是无效的。对带有实质性问题的表态，应该由领导或领导授权才行。而有的人作为下属，却没有做到这一点。上级领导没有表态也没有授权，他却抢先表明态度，造成喧宾夺主之势，陷领导于被动。

第三，干工作的越位。哪些工作由你干，哪些工作由他干，这里面有时确有几分奥妙。有的人不明白这一点，有些工作，本来由领导做更合适，他却抢先去做，从而造成干工作越位。

第四，答复问题的越位。这与表态的越位有些相同之处。有些问题的答复，往往需要有相应的权威，作为职员、下属，明明没有这种权威，却要抢先答复，会给领导造成工作的干扰，也是不明智之举。

第五，某些场合的越位。有些场合，如与客人应酬、参加宴会，也应当适当突出领导。有的人作为下属，张罗得过于积极，如与客人如果认识，便抢先上前打招呼，不管领导在不在场。这样显示自己太多，显示领导不够，十分不好。

在工作中，"越位"对上下级关系有很大影响。下属的热情过高，表现过于积极，会导致领导偏离帅位，无法实施领导的职责。

下属如果经常这样，领导会视之为"危险角色"，这时，即使你有意同领导配合，领导也不愿与你配合了。

阿明年轻干练、活泼开朗，入行没几年，职位"噌噌"地往上升，很快成为单位里的主力干将。几天前，新老板走马上任，下车伊始，就把阿明叫了过去："阿明，你经验丰富，能力又强，这里有个新项目，你就多费心盯一盯吧！"

受到新老板的重用，阿明欢欣鼓舞。恰好这天要去上海某周边城市谈判，阿明一合计，一行好几个人，坐公交车不方便，人也受累，会影响谈判效果；打车吧，一辆坐不下，两辆费用又太高，还是包一辆车好，经济又实惠。

于是，阿明来到老板跟前。"老板，您看，我们今天要出去，"阿明把几种方案的利弊分析了一番，接着说，"所以呢，我决定包一辆车去！"汇报完毕，阿明发现老板的脸不知道什么时候黑了下来。老板生硬地说："是吗？可是我认为这个方案不太好，你们还是买票坐长途车去吧！"阿明愣住了，他万万没想到，一个如此合情合理的建议竟然被打了"回票"。

"没道理呀！傻瓜都能看出来我的方案是最佳的。"阿明对此大惑不解。

专家提示：阿明凡事多向老板汇报的意识是很可贵的，错就错在措辞不当。注意，阿明说的是："我决定包一辆车！"在老板面前，说"我决定如何如何"是最犯忌讳的。

尊卑有序是一种纪律的象征，维护领导权威形象是属下分内的事。

在许多时候，职员有同领导出访客户的机会。在这个时候，领导和职员的配合程度直接关系到公司的形象，做好陪同是对职员的基本要求。比如，有重要的契约或接受订货时，必须与领导同行，这时一般有以下两种情况要注意：

第一种是客户和领导有直接的关系。这时作为下属应该站在辅助的地位，和客户初次见面时应该亲切地寒暄，并且做适当的自我介绍，要给对方留下一个好印象。在整个谈话过程中，要不卑不亢，给人以良好的感觉。

在客户和领导谈话时，陪同的职员应该细心地倾听，如果对方有问题问你，你要直接或间接地征询领导的意见，然后给对方以满意的回答。谈判过程中，如果领导和客户在某个方面争论得比较激烈，你就要适时地从中打圆场。在商谈结束时，无论成交还是不成交，都不要被当时的气氛所影响，应尽宾主之仪，亲切地道别，不要让对方有这样的评价："这个公司上下怎么一点礼貌都不懂。"或是："这个公司经理还不错，可用人不太精明，怎么选了这么不懂礼仪的陪同。"

还有一种情况是请领导访问自己所熟悉的客户。这时首先要注意的是前面已讲过的不要"越位"，应该将自己立于领导和客户之间的中间人立场，使领导有多讲话的机会。

在领导与客户商谈时，应该注意领导的谈判技巧和应对方式，并且要充分掌握气氛。气氛过"热"时，适当地"降温"，如"来，大家先喝杯茶"；气氛过"冷"时，不时地"加温"，可以说"这茶不错，你们认为呢？"这样适度地转移话题，解除尴尬，才不失为中间人的身份。

当然这时也不能一味"骑墙"，毕竟商谈是为了本公司的利益。因此，你要不太显露地为本公司出力。比如，当领导谈判时进一步向对方提问时，你可以若无其事地推动；当你认为领导谈判的内容不当或有必要进行更正时，应该很有默契地助领导一臂之力。但是，在这种情况下，因为你同客户也是旧相识，因此，不要过多地同领导联系，以求占得上风。因为这样会使对方提高警觉，产生戒备心理，对双方的相互沟通无益。况且，有领导在场，你也大可不必过多地参与商谈的主要内容，领导心中自然是有数的。

遭遇批评后如何巧妙辩驳

被上级批评或指责，虽然应该诚恳而虚心地听取，但并非说你一定要忍气吞声，不管他说得对不对都要一股脑儿接受，必要时应该勇于辩护，并且要作积极的辩护。

晋文公一次用餐时，厨官让人献上烤肉，肉上却缠着头发。文公叫来厨官，大声责骂他说："你存心想噎死我吗？为什么用头发缠着烤肉？"

厨官叩着响头，拜了两拜，装着认罪，说："小臣有死罪三条：我找来细磨刀石磨刀，刀磨得像宝刀那样锋利，切肉肉就断了，可是粘在肉上的头发却没切断，这是小臣的一条罪状；拿木棍穿上肉块却没有发现头发，这是小臣的第二条罪状；捧着炽热的炉子，炭火都烧得通红，烤肉烘熟了，可是头发竟没烧焦，这是小臣的第三条罪状。君王的厅堂里莫非有怀恨小臣的侍臣吗？"

文公说："你讲得有道理。"就叫来厅堂外的侍臣责问，果然有人想诬陷厨官，文公就将此人杀了。

这明显是个冤案，如果正面辩解，有可能会对晋文公火上浇油，怒气更盛而获死罪。因此，厨官采取正意反说的方式为自己辩解。他装着认罪的态度供认了3条罪状，其实是为了澄清事实：切肉的刀如此锋利，肉切碎了而头发居然还绕在上面；肉放在火上烤，肉烤焦了而头发犹存，这明显不合乎情理。至此，厨官已证明自己无罪，同时提醒晋文公，是否有人陷害自己？厨官的辩解顺其意，却能揭其诬，可谓灵活机巧。

有些人面临麻烦的事常用辩护来逃避责任，这就走到另一个极端了。这种推卸责任的辩护，偶一为之，无伤大雅，尚可原谅，倘一犯再犯，肯定会失去别人对你的信任。

有时候，做错了事责任不全在下属，大部分确是上级的缘故，这时应大胆辩解。不辩解，只能使上级对你的印象更加恶化，而丝毫不会考虑到也有自己的责任。

因此，在工作中，同事之间，尤其是下级与上级之间，由于地位不同而发生意见相左的情况时，不要害怕会被认为是顶撞，应积极地说明理由，沉默不语只能使问题更加复杂而难以化解。

辩解的困难点在于双方都意气用事，头脑失去了冷静。所以过于紧张和自责，反而会使场面更僵。因此，遇到这类棘手的对立状态时，更应该积极辨明，明确责任。其要点大概有以下几点：

千万不要说"虽然那样……但是……"这种道歉的话，让人听起来觉得你好像是在强词夺理，无理争三分。道歉时，只要说"对不起"，不必再加上"但是……"如果面对的是性格坦率的上级，或许就可以化解彼此的距离。当然该说明的时候仍要有勇气据理力争，好让上级了解自己的立场。

怎样成功说服老板为自己加薪

谋取是为了求生，每个人都希望生活得更好，薪水更多，职位更高，工作环境更宽松。大多数人不会只满足于现状，常常会向上司提出这样那样的要求。我们向上司提出要求时，一是不要提过高或不切实际的要求，二是当我们向上司提要求时，言辞一定要慎重，应该少用这样的话："我应该得到那个职位"，"我要到有空调的房间办公"，"我提的要求，请一定要帮我办"等，你如果在上司面前这样说话，给人的感觉你不是在提要求，而是在下命令，威胁你的上司要按照你的意思办，这样做的结果往往会事与愿违。

向上司提出要求时，你应当语气平和，面带微笑地陈述你的主要理由，然后，再委婉地提出你的要求，尽量多用征询的话。

给上司提要求一般都绕不开加薪的话题。

事业顺利就意味着加薪和升职，然而这两个内容都比较麻烦，也是棘手的问题。许多人并非表现不好或没有工作能力，他们只是不善于表现自己。如今的企业老板因公务缠身，不可能每时每刻都留意你的表现，作为员工，有必要主动、适时地表现自己，只有这样才能达到自己的预期目标。当然，每个人的表达方式都会不同，关键的一点是有技巧地表现自己。

加薪是岳华渴望已久的事情。论起资历，他在厂里一干就是4年，自认工作态度还行，也没有犯过什么过错，可是老板根本没有给他加薪的意思。岳华觉得自身价值得不到体现，心里很烦闷，他也多次在工作总结会上暗示过老板，但老板对此也没有丝毫反应。若明确地向老板提出这个要求，岳华又觉得不好意思，怕遭到拒绝，但是不说的话又不甘心，最后他还是鼓起勇气，委婉地向老板说明了自己的意思。出乎意料的是，老板在观察了他几周后果然为岳华加了薪，事情就这么简单。岳华认为，只要是属于自己的正当权益，就应该努力去争取。

当然向老板提出加薪，也要讲究技巧。岳华之所以不敢贸然提出加薪，也与他的朋友李浩要求老板加薪的失败经历有关。

李浩认为他的这个经历比较惨痛。李浩曾经在一家公司工作快3年了，对自己的工作熟悉到不能再熟悉的程度，而老板一直没有给李浩加薪的意思。年轻的李浩一时冲动，就以熟悉业务为谈判条件向老板提出调动职位，其实是想迫使老板为他加薪。李浩后来对岳华讲，自己当时的举动是非常错误的。结果是薪水没有加成还弄了个不欢而散。此后，李浩与老板的关系大不如前，最后不得不离开那家公司。

如以商量、倾诉的语气向老板陈述自己的意图，老板会非常注意聆听，并且询问你工作上遇到的问题，最终可能会为你加了薪水。

其实，老板和员工的关系是平等的。只要你认为加薪是合理的，你就有权提出。但你必须注意说话的方式，最好是巧妙地、有技巧地把自己的意图传达给老板，就算不被老板接纳，也不至于让双方陷入尴尬的局面，以致影响日后的相处。

身在职场，我们都对加薪怀有浓厚的兴趣。那么怎样要求加薪且能如愿呢?

在要求加薪之前往往要准备很长一段时间。根据一位成功的管理者总结，为加薪做准备需要实施5个重要步骤。

1. 成为你所从事领域的权威

首先，了解你的工作，并保持对它的了解，不断进步。假如赶不上你所从事职业的发展，就不会有提升的机会。但同时，不要自大地认为自己是不可或缺的，因为根本没有这种人。

2. 同你的老板建立真诚的工作关系

任何经理、总监都不会给他不喜欢的人加薪或晋级。一般来说，老板都喜欢衷心赞美他并让他感到自己价值的那些人。精明的雇员都盛赞老板并向老板表现这种赞赏。但赞赏不等于阿谀奉承，称赞一个人最好的方法是称赞他的业绩而不是他本人。

3. 表现自己

那种认为只要工作做得好，就自然会得到提升和加薪的想法是错误的。你必须让自己受到注意。

通常情况是，你的老板认识不到你是多么优秀，让他了解这一点——不要引起反感，不要显出骄横——在办公室里、工作餐时、办公聚会或其他社交场合。

千方百计让你的名字在上司的脑海中扎根，最好的广告正是这样做的。正像一位总经理说的："广告最重要的就是重复。不断地重复才可树立形象。我们不介意人们是否准确记住我们对某种产品所做的介绍。我们只希望大家能记住产品的名称，那就足够了。"

4. 让上级时刻掌握你的动态

不要让他们经常来查你，要让他们不必常来检查就可了解你的任务正在按计划正常执行。这就说明你是可靠的，可以完成工作。

5.振作精神准备加薪谈判

不要迟疑或是低估自己。我们将价值看作成本。你对公司的价值和你所拿工资有直接联系，告诉你的老板给你加薪后他会得到哪些好处，他将得到的最大好处就是能得到你宝贵的帮助。但发出最后通牒之前，一定要找到其他工作。

此外要注意的是，想要得到加薪，还必须选择适当的时机。一般要避开周一和周五。周一会有很多使工作重新入轨的具体事情。等到了周五，人们又会以最快的速度清理办公桌，准备去度周末。让老板加薪最好的时机是你刚刚出色地完成一项非常困难的任务，老板也肯定了你的工作成绩之后。

拒绝老板有理由

任何事情有其结果，必有其起因。当老板的意见不正确，需要你拒绝的时候，一定要说出你拒绝的理由。

平白无故地拒绝老板的意见或者老板要你做的事情，如果不说出理由，是极端不礼貌的行为。

在拒绝老板的时候，要注意以下几点：

1.态度要明确

当老板有了指示或者命令的时候，如果你持不赞同的观点，不要明确地表示拒绝，不要直接地说出"行"或者"不行"，要持有一种保留的态度。持有保留的态度可以避免引起老板的不快。

你的最终目的还是拒绝老板的不当指令。但是这样做绝对不是说对老板的任何指示或者命令都要持有一种既非"肯定"，也非"否定"的暧昧态度。相反地，为达到拒绝的目的，最重要的一点是，事先就要明确地决定自己的态度，之所以这样做是为了拒绝老板，不要改变自己的初衷。

有些问题十分重要且复杂，无法当场决定采取"肯定"还是"否定"的立场，这时候为了有所保留，不招致老板的不快，就要说：

"我想这个问题很重要，请让我多考虑一些时间。"

"现在一时说不出所以然来，无法马上答复您，请给我两天的时间。"

此时，表现得模棱两可，则是必要的，关键是争取缓冲的时间，以便仔细考虑。

鲁迅说过："犹豫要走哪一条路的时候，应该好好地定下心来，花费足够的时间以选择要走的路。"

这可看作有关决断的有益训示。

2.善于辩解和找借口

作为下属，既要懂得拒绝老板，还要知道该如何让老板通过你的拒绝而欣赏你。

要想做到这一点，就要善于"辩解"和"找借口"。

"辩解"是"辩明理由让对方了解"以推动工作，而不是推诿责任，它是对自己言行负责的人应有的正确态度。在工作当中，有的人会因为认为"辩解是有失面子的事情"而保持沉默，这样做的最终结果是失去自己的主见，也是对自己的工作不负责任的表现。

当然，如果为了保护自己而拼命地辩解，也是不好的。正确的做法应该是，主动说明原因，提供情报，说明不能够做的理由，绝不仅仅是只为保护自己，这才是最好的方法。

一般来说，下属找借口时说话都是慢吞吞或犹豫不决的，同时语调也会变得低沉，但如果是堂堂正正地说明理由时，态度便会热忱而明快，语调也会开朗爽快。

向老板说明拒绝的理由时，要口齿清晰，态度明朗，如果在讲话的时候语调低沉、态度畏畏缩缩，老板就会认为你是在找借口。

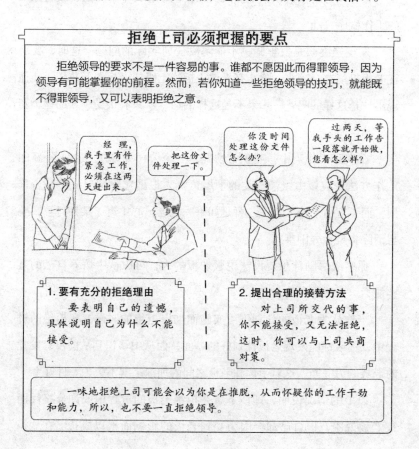

拒绝上司必须把握的要点

拒绝领导的要求不是一件容易的事。谁都不愿因此而得罪领导，因为领导有可能掌握你的前程。然而，若你知道一些拒绝领导的技巧，就能既不得罪领导，又可以表明拒绝之意。

1. 要有充分的拒绝理由

要表明自己的遗憾，具体说明自己为什么不能接受。

2. 提出合理的接替方法

对上司所交代的事，你不能接受，又无法拒绝，这时，你可以与上司共商对策。

一味地拒绝上司可能会以为你是在推脱，从而怀疑你的工作干劲和能力，所以，也不要一直拒绝领导。

3. 要在拒绝当中成长

作为下属，常常会遇到这样的事情。当老板在某些场合听到一些工作上的新方法后，马上就会在自己的部门实施，于是就督促下属说："我想在我们的部门，用这种新方法来进行工作。"如果本部门适合这样的工作方法还好，但如果本部门的确不适合运用这种新的工作方法，这样做无疑是增加工作难度，这个时候，有的下属就会在私下发牢骚。认为老板这样做是强人所难，也不管行不行得通，就将原来的工作秩序打乱。

发牢骚终归是发牢骚，不能解决任何实际的问题。这时，要想让老板打消这个念头，除非有人勇于拒绝上级或老板的新花样，让他说出"是这样的吗？"如果不是这样的话，就只有接受领导的这个新花样。

在实际工作当中，照正常情况，一个公司如果想采用一种新的工作方法，应该由组长一类的下层负责人根据实际情况决定是否采用，而不应由老板来考虑。可是如果一旦老板心中有了某种打算，要想消除将是十分困难的。

那些绞尽脑汁想要设法说服老板的人，可以从中培养自己的某些能力。

当你认为老板的计划不可实施而加以拒绝的时候，在拒绝的过程中，你或许能发现老板计划好的一面，而从中认识到从前没有发觉的老板的另一面，这对于你和老板之间的加深了解不失为一件好事。

以上的情况说明，即便下属在拒绝老板的过程中或许最终反而被老板说服，但自己却会因为受到老板的影响而得以成长。在"拒绝"的时候，下属可以得到很多实际的锻炼，这包括胆量思维的敏捷性、口才的发挥等，从而促使自己成长，所以，作为下属，如果想在工作中做出成绩，就要学会拒绝，并勇于拒绝，当然，拒绝也必须是有理有节的，而绝不是无理取闹，更不是胡搅蛮缠的。

4. 拒绝的最终结果还是要尊重老板的决策

下属在工作的时候，如果老板提出的计划是无论如何也行不通的，这时，下属对老板的命令是不是非服从不可呢？经验告诉我们，作为下属，你必须服从老板的最后决定，听从老板的意见，因为这个时候，最终要负责任的是老板。

这个时候如果你一意孤行，明目张胆地反对老板的决定，置老板的决定于不顾，按照自己的想法去做，是绝对行不通的。

这个计划如果执行，十有八九会失败，且会造成重大损失，作为下属，就要考虑，是否也非服从不可。下属要如何作最终判断呢？依照下面方式思考才是正确的态度。

自己的意见显然是正确的，而老板却断然不肯接受时，原则上应先让老板了解你是出于公心，是为工作着想，并且是在万般无奈的情况下才反对的，然后去执行老板的命令。假如你认为按老板命令去做，会对企业的利益造成难以弥补的重大损失，在情况十分危急的紧要关头，你可以以辞职为手段，"要挟"老板取消其命令。当然，这得有个前提条件，即你是一个在工作中老板离不开的人，或这个命令老板只能依靠你去执行。如果不是这样，则可以假意接受下来，但在执行中让它走样、变形，从而使它的危害性变小或没有。

总之，作为一个负责任的下属，作为一个充满正义感的下属，要牢牢记住，在任何情况下，都应该把企业的整体利益放在首位。你如果这样做了，即便老板误解了你，但在事实面前，最终他还是会认识到你是正确的。到时，他就会万分地感谢你，因为是你的坚持，或是你的"胡作非为"才免除了一场重大损失，也才免除了他的灾难性后果。

●演讲与口才知识

图书在版编目（CIP）数据

演讲与口才知识 / 达夫著 . —北京：中国华侨出
版社，2019.8（2019.10 重印）

ISBN 978-7-5113-7917-7

Ⅰ.①演… Ⅱ.①达… Ⅲ.①演讲 – 基本知识 ②口才
学 – 基本知识 Ⅳ.① H019

中国版本图书馆 CIP 数据核字（2019）第 127116 号

演讲与口才知识

著　　者：达　夫

责任编辑：姜薇薇

封面设计：冬　凡

文字编辑：刘雅君

美术编辑：张　诚

经　　销：新华书店

开　　本：880mm×1230mm　1/32　印张：6.75　字数：160 千字

印　　刷：北京德富泰印务有限公司

版　　次：2019 年 9 月第 1 版　　2020 年 8 月第 3 次印刷

书　　号：ISBN 978-7-5113-7917-7

定　　价：35.00 元

中国华侨出版社　北京市朝阳区西坝河东里 77 号楼底商 5 号　邮编：100028

法律顾问：陈鹰律师事务所

发 行 部：（010）88893001　　　　传　　真：（010）62707370

网　　址：www.oveaschin.com　　　　E－m a i l：oveaschin@sina.com

如果发现印装质量问题，影响阅读，请与印刷厂联系调换。